心理学ベーシック 第1巻

なるほど！心理学研究法

三浦麻子　監修・著

北大路書房

「心理学ベーシック」シリーズ
刊行にあたって

　本シリーズは，心理学をただ学ぶだけではなく自らの手で研究することを志す方々のために，心理学の標準的な研究手法とその礎となる基礎知識について，なるべく平易かつ的確に解説したものである。主たる想定読者は心理学系の大学の学部生だが，他分野を修めてから進学した大学院生，心理学者と共同研究を始める他領域の研究者，消費者行動など人の心がかかわるデータを収集することが有用な実務家など幅広い。

　第1巻「心理学研究法」では，心理学とはどういう学問か，その歴史も含めて説き起こしたうえで，どの研究法にも共通する基盤的知識を解説している。鮮度が高く，かつ経年劣化の少ない事例やハウツーを盛り込む一方で，読みながら手を動かすためのマニュアルというよりも，じっくり読んでいただける内容を目指した。そのために，事例やハウツーをただ網羅するのではなく，「なるほど！」と理解できるように提示することを重視した。

　第2巻「実験法」，第3巻「調査法」，第4巻「観察法」，第5巻「面接法」は，各研究法による研究の実際について，多くの若手・中堅研究者の助力も得て，豊富な事例をそれぞれ具体的かつ詳細に解説している。心理学の基本的な方法論を身につけるために，多くの心理学系の大学で必修科目となっている「実験実習」のテキストとして用いることを想定しており，読みながら手を動かすためのマニュアルという位置づけとなる。類書と比べると，古典的な手法に加えて，測定機器やインターネットの発達などにより実施が可能となった今日的な手法も盛り込んだところが特徴である。また，優しい一方で活き活きとした表情をもつイラストが随所に織り込まれている。内容への興味をよりいっそう喚起してくれるものと思う。

　「心理学を学ぶこと」をめぐる状況は，2015年に国家資格「公認心理師」の制度化が決まったことによって大きな岐路に立った。公認心理師の国家試験受験資格を得るためのカリキュラムが制定されるが，そこでは実験実習にあまり

重きが置かれていない。しかしわれわれは，心理職としての現場での実践を有為なものとするためには，何よりもまず，心理学諸領域の基礎的な知見や理論を学び，それらをふまえて自らテーマを設定して研究を計画し，収集したデータを分析・考察するという一連の科学的実証手続きを遂行するためのスキルとテクニックを習得することが必要だという強い確信をもっている。心理職は現場で科学者たるべしというこの考え方を「科学者 - 実践家モデル（scientist-practitioner model）」という。心理職が医師や看護師，あるいは教師と協働することの意義は，彼らとは異なる角度から同じ現場を見つめる視点を導入できるところにある。その視点こそが科学者としてのそれである。

人間の心のはたらきを科学的に見つめるまなざしは，心理職に就く人にとって有用なばかりではなく，社会生活のあらゆる場面でも機能する。他者の心の状態を推測する心の機能のことを「心の理論（Theory of Mind）」といい，人は成長する中で「自分と他人は違う」ことを徐々に知るようになる。ではどう違うのか，なぜ違うのか。社会生活の中には，心の理論をより深め，自分と他者の違いに折り合いをつけることが必要になる場面が数々ある。そんなとき，自らの思いに振り回されすぎない科学的な視点をもつことは，互いにとってより適応的な社会生活を導くだろう。自己流ではない確立した方法論を身につけ，研究を実践する経験をとおしてこそ，それを手に入れることができる。

本シリーズの監修者と各巻の編著者の共通点は，関西学院大学心理科学研究室（関学心理）の教員だということである。関学心理は，わざわざ「心理学」ではなく「心理科学」を標榜しているところに端的に示されるとおり，実証主義に根ざした科学的な観点を共通基盤として，さまざまな視点から総合的な人間理解を目指す研究を進めている。監修および第1巻担当の三浦麻子は社会心理学，第2巻の佐藤暢哉は神経科学，同じく第2巻の小川洋和は認知心理学，第3巻の大竹恵子は健康心理学，第4・5巻の佐藤寛と第5巻の米山直樹は臨床心理学と専門分野は異なるが，全員が，心理学を学び，研究する際に何よりも必要なのは科学的視点であり，それに沿ったスキルとテクニックを身につけることの重要性を伝えたいと強く願っている。また，シリーズ全体を通して挿画を担当した田渕恵の専門分野は発達心理学で，やはりその思いを共有している。本シリーズは，こうした面々によって，科学としての心理学を実現するた

めの標準的なテキストとなるべく編まれたものである。

　本シリーズ刊行に際して，誰よりも感謝したいのは，監修者と編著者に日々「心理学研究はどうあるべきか」を考え，そのための技を磨く機会を与えてくれる関学心理のすべてのメンバーである。われわれは，大学に入学して初めて心理学を学びはじめた学部生が，卒業論文というかたちで研究をものにするまでにいたる道程を教え導く立場にある。より発展的な研究を目指す大学院生たちとは日夜議論を交わし，ともに研究を推進している。学生たちに何をどう伝えれば心理学研究の適切なスキルとテクニックを身につけさせられ，それと同時に心理学研究の面白さをより深く理解してもらえるのか，考えない日はない。その試行錯誤が終わることはないが，社会的な意味で心理学という学問が注目を集め，ひょっとするとその立ち位置が大きく変わるかもしれない今，現時点での集大成としてこのシリーズを刊行することの意義は深いと考えている。こうした意図を汲んでくださったのが北大路書房の安井理紗氏である。氏は監修者の大学院の後輩で，科学的な心理学研究を学んだ人でもある。そんな氏の「科学としての心理学の砦になるシリーズを」という思いは，ひょっとするとわれわれよりも熱いくらいで，日々の業務に紛れてどうしても遅筆気味になるわれわれにとって大いなる叱咤激励となった。ここに記して御礼申し上げたい。

　本シリーズが，質の高い心理学研究を産み出すための一つのきっかけとなれば幸いである。なお，本シリーズに連動して，以下の URL にて監修者と編著者によるサポートサイトを用意しており，各巻に関連する資料を提供している。より詳しく幅広く学ぶために，是非ご活用いただきたい。

　　　http://psysci.kwansei.ac.jp/introduction/booklist/psycibasic/
　　　※北大路書房のホームページ（http://www.kitaohji.com）からも，サポートサイトへリンクしています。

2017 年 3 月（2018 年 2 月一部改訂）

監修　三浦麻子

はしがき

　本書『なるほど！ 心理学研究法』は，心理学とはどういう学問か，その歴史も含めて説き起こしたうえで，どの研究法にも共通する基盤的知識を解説する書籍である。

　本書は3部構成である。まず第1部は「心理学を「研究する」ということ」と題して，心理学研究に着手する技能や技術を身につけるにあたって最低限知っておきたい知識を，大きな視点から解説する。第2部は「心を「測定する」ということ」と題して，心理学で用いられる代表的な研究法と，実際に着手する際のハウツーを解説する。第3部は「研究を「公表する」ということ」と題して，研究を世に問いうるものとするために研究者が心がけるべきルールについて解説する。初学者の方々には冒頭から通読することをおすすめするが，すでに学習途上の方々が特定の部や章を拾い読みされたとしても，もちろん理解はできるように書かれている。なお，本文中の太字は学習のポイントとなるキーワードである。

　類書にはあまりない特徴として，第3部において研究倫理に関する問題に3章を割いたことがあげられる。人の心の測定と倫理的な問題は密接不可分の関係にあり，これが心理学研究の核だと考えたことによる。すでに心理学研究に習熟した人であれば当然のことが書かれているのだが，学ぶ側とそれを当然だと思える視点を共有することがまずもって必要であり，また，教える側にとって当然すぎるがゆえにかえって軽視されてしまわないようにという意図に基づいている。

　本書は，鮮度が高く，かつ経年劣化の少ない事例やハウツーを盛り込む一方で，マニュアルのようにそれらをただ網羅するのではなく，「なぜそうすべきか」を理解できるように提示することを重視した。読みながら手を動かそう，というよりも，じっくりと目を通す読書をするつもりで，次からのページを開いていただきたい。

目次 Contents

「心理学ベーシック」シリーズ刊行にあたって　i
はしがき　ii

序章　心理学とは何か　1

1節　心理学の定義　2
2節　心理学を研究することの難しさ　3
3節　心理学を研究することの面白さ　5

第1部　心理学を「研究する」ということ　9

第1章　心理学のなりたち：心理学史　10

1節　心理学と哲学　10　……　1　古代ギリシャ哲学／2　近代哲学
2節　心理学と医学　12
3節　心理学と生物学　13
4節　近代心理学の創始とその発展　15　……　1　ヴントの実験心理学／2　その後の心理学の発展
5節　第二次大戦後の心理学　18　……　1　社会心理学／2　認知心理学
6節　日本の心理学　22

vii

第2章　研究の準備：心理学研究の基礎知識　25

- 1節　概念的定義と操作的定義　25
- 2節　信頼性と妥当性　27
- 3節　相関と因果　30
- 4節　さまざまな変数　34

第3章　研究の準備：先行研究の探し方　37

- 1節　リサーチ・クエスチョン　37
- 2節　巨人の肩の上に立つということ　38
- 3節　先行研究レビューの意義　39
- 4節　先行研究の収集法：概論　40 ……… 1　基本文献を決める／2　芋づる式に関連文献を探す／3　図書館やWebで関連文献を探す／4　論文に「目を通す」ということ
- 5節　心理学の研究論文に触れる　44
- 6節　心理学の研究テーマを知る　49
- 7節　さあ，歩きはじめよう　49

Part 2　心を「測定する」ということ …………………… 53

第4章　研究の基礎：研究法概説　54

- 1節　実験法　55 ……… 1　実験とは／2　実験の利点と限界
- 2節　調査法　58 ……… 1　調査とは／2　調査の利点と限界
- 3節　観察法　61 ……… 1　観察とは／2　観察の利点と限界
- 4節　面接法　64 ……… 1　面接とは／2　面接の利点と限界

第5章　研究の基礎：人間を対象とする測定における諸問題　66

- 1節　参加者効果　67 ……… 1　社会的望ましさへの配慮／2　「望ましい研究結

　　　　果」への配慮
　2節　実験者効果　71
　3節　努力の最小限化　74
　4節　生態学的妥当性との両立　77

第6章　データの中身を知る：記述統計　79

　1節　数値データの利点　79
　2節　尺度　81 ……… 1　比率尺度／2　間隔尺度／3　順序尺度／4　名義尺度／5　心理尺度の尺度水準
　3節　記述統計　84 ……… 1　1変数の特徴を知る／2　2変数の関連を知る

第7章　データから対象を見通す：推測統計　96

　1節　推測統計とは　97
　2節　標本抽出に伴う結果の変動　100
　3節　統計的仮説検定　102
　4節　統計的仮説検定における2種類の誤り　103
　5節　効果量と検定力分析　104
　6節　ベイズ統計学の基本的考え方　107

Part 3　第3部　研究を「公表する」ということ …………………… 113

第8章　研究倫理：研究者として「なすべきこと」　114

　1節　エシックスの基本的な考え方　115
　2節　最小限のコストやリスク　116
　3節　説明責任　117
　4節　個人情報・データの保護　120
　5節　成文化されたエシックス　121
　6節　倫理審査　122

第9章　研究倫理：研究者として「やってはいけないこと」　125

1節　モラルとしての研究倫理　125
2節　研究者が陥るかもしれない「地獄」　127
3節　仮説の後づけ（HARKing）　128
4節　p 値ハッキング（p-hacking）　129
5節　蔓延する QRPs　132

第10章　研究倫理：モラル違反を抑止するシステム　135

1節　研究結果の再現可能性　136
2節　心理学界で起こった問題　137
3節　システムの整備　142 ……… 1　材料や手続き・データの公開制度／2　事前登録制度（pre-registration system）
4節　心理学研究の「パラダイムシフト」　147

第11章　研究成果の公表：心理学論文の書き方　149

1節　論文のアウトライン　150 ……… 1　表題／2　問題と目的（序論）／3　方法／4　結果／5　考察／6　引用文献／7　要約／8　付録
2節　論文の文章表現　156 ……… 1　正確に伝えるために注意すべき点／2　パラグラフ・ライティング
3節　図表　160
4節　全体的なチェック　162
［付録］　心理科学実験実習　レポート作成　チェックリスト　163

終章　よりよい心理学研究のために　171

1節　「研究」するということ　171
2節　よい研究とは何か　172 ……… 1　確実性があること／2　意外性があること／3　学術的価値／4　社会的価値／5　学術的価値と社会的価値の両立
3節　心理学研究への船出　176

引用文献　177
索　引　181

心理学とは何か

　心理学を「研究」する世界にようこそ。

　本書は「心理学」の研究法，つまり心理学という学問に自ら取り組むための技能（スキル）や技術（テクニック）を学ぶための本である。技能とは適切な知識をはたらかせることができる能力のことであり，技術とは適切な道具（ツール）を使って技能を発揮するための方法のことである。この2つがそろってはじめて，研究という知的活動が存分にできるようになる。それぞれ片方だけではうまく機能しないし，両者が組み合わさることでお互いを磨くことも可能になる。本書とこのシリーズの他の書籍を通じて身につく技能や技術を活かすためには，そもそも何をするためにその技能や技術を学ぶのかを理解しておく必要がある。

　何をするのか？　——心理学である。

　こうした技能や技術を獲得しようとする皆さんにとってまず必要なのは，心理学とは何をする学問なのか，つまり心理学という学問そのものに関する知識を改めて確認しておくことである。おそらく現時点の皆さんは，心理学という学問をまったく知らないわけではなく，すでにある程度は学んできているものと思われる。

本章は，細部にはわたらぬまでもそのあらましを再確認するのが目的だが，その際に「研究者」としてかかわることを明確に意識していただきたい。心理学を「研究する」というのは，受動的に知識（情報）を受け取るだけではなく，自ら積極的に知識（情報）を産み出す側になるという意味である。あるいは，知識を現場に活用するのではなく（もちろんそれも重要な心理学の営みの一つだが），活用するための知識を提供する側に立つということである。その自覚をもって，自分が実践する学問を改めて点検すると，今までになかった気づきが得られるかもしれない。

　ということで，やや大上段に振りかぶってしまった感があるが，序章は「心理学とは何か」と題することにした。「心理学って面白そう！」「心理学を学ぼう！」という最初のステップはすでに上った皆さんが，「心理学を研究するってどういうことなの？」と思って本書を開いた今，そもそも心理学とはどういう学問なのかをふり返り，そしてそれを研究することの難しさと面白さを予感してくださればと思う。

1 節　心理学の定義

　心理学は定義がよくわからない学問だと言われることがたびたびある。確かに，巷に「心理学」という言葉はあふれている。新聞記事やテレビ番組でそれらしき言説を見かけることはよくあるし，心理学を冠する一般向けの書籍も無数に刊行されている。しかしそれらの間にいまひとつ共通点が見いだしにくいがために，よくわからないというイメージを与えやすい。その原因は，心理学の対象が心という最も人間の身近なもの，あるいは人間そのものだというところにある。親しみやすい対象であるだけに，「みんなが関心をもつものに学問っぽくアプローチしてみる」という雰囲気を醸し出すためだけに「心理学」という言葉が濫用されているケースが残念ながら少なくない。つまり，「心理学とは何か」を知ろうとして，いくら巷の「心理学」本を漁っても，「やってはいけない」事例の収集先としては有用かもしれないが，「研究者」として心理学にかかわるのに役に立つ情報は得られにくい。そればかりか，どんどん最初の

表 0-1 主要な国語辞典による「心理学」の定義（下線は著者による）

広辞苑第六版（岩波書店）：生物体の<u>心の働き</u>，もしくは<u>行動</u>を研究する学問。精神または精神現象についての学問として始まり，19世紀以後，物理学・生理学等の成果を基礎として実験的方法を取り入れ，<u>実証的科学</u>として確立した。
大辞林第三版（三省堂）：経験的事実としての<u>意識現象</u>と<u>行動</u>を研究する学問。精神についての学問として形而上学的な側面をもっていたが，一九世紀以降実験的方法を取り入れ，<u>実証的科学</u>となった。
デジタル大辞泉（小学館）：生物体の<u>意識</u>や<u>行動</u>を研究する学問。古くは形而上学の中に含まれ，精神や精神現象を問う学問であったが，19世紀以降実験的方法をとり入れて<u>実証科学</u>として確立。一般心理学・動物心理学・発達心理学・社会心理学・臨床心理学など，多数の分野がある。

趣旨からずれることになってしまうかもしれない。そんな無駄かもしれない努力をするよりもまず，学問としての心理学の定義を確かめよう。

　表 0-1 に，主要な国語辞典による「心理学」の定義を示す。すべての定義に共通しているのは，19世紀以降のすなわち現代の心理学は，研究対象が「心のはたらき（意識）や行動」であることと，「実証（的）科学」であることである。後者が意味しているのは，心理学の研究目的は，それらの中から経験的事実に基づくデータを収集し，その積み重ねによって現象を正確に記述し，秩序（その現象が存在するための条件）や法則（その現象が発生するメカニズムや存在すると決まって生じる事柄）を発見して，現象の理解（なぜその現象が存在するのかについて知識を獲得する），予測（ある現象が生じる前に，それを予期できるようにする），制御（ある現象を引き起こすべく，それに先行する条件を操作する）を行なうことだということである。

2 節　心理学を研究することの難しさ

　心理学は実証に基づく科学であり，そうであるがゆえに，あらゆる研究成果は，そこで行なわれた実証によって対象とした現象を正確にとらえることができているかどうか，見いだされたのが事実だといえるかどうかを，常に厳しく問われることになる。マスメディアをとおして流れる言説や一般向けの書籍の

内容がすべて間違いだと決めつけることはできないが、直観的で理解しやすいこと、もっともらしくて面白いことが優先されがちなことは否めず、事実かどうかが真剣に問われることはほとんどない。土台としての実証の内容が質されることがない研究は、見た目は「学問」を装っていたとしても「娯楽」だと言われても仕方がない。つまり、科学研究の際に最も重要なのは、「研究で得られた事実がどのようにしてそれと認められたのか」という実証のロジックがきちんと組み立てられていることである。

　では、科学の中でも心理学を研究しようとするわれわれが、実証のロジック構築に際して留意すべき点は何だろうか。ここでもう一度辞書の定義に戻ってみると、心理学における実証のロジックの中で特に注目すべき点が見えてくる。それぞれの辞書が定義する心理学の「研究対象」を見ると、「行動」は共通している一方で、その前に置かれているのは「心のはたらき」「意識現象」「意識」とばらついている。前者は外部から観察可能な、ある程度誰の目にも明確なもの、後者は外部から観察することができない、誰もが「おそらくそこにあるだろう」と考えてはいるが明確ではないものである。そもそも「心」というものそれ自体、実際にあるかどうかという議論の対象になりえない。なぜなら、あると考えて、その前提で話を進めているだけだからである。明確でないがゆえに表現もいまひとつ定まりがない。そして、両者は並列ではない。心理学は、両者を対象にしているが、データを収集するという意味で直接的に対象にしているのは行動であり、それを間接的な「心のはたらき」「意識現象」「意識」の現われだと見なしている。ということは、間接的に何を見いだしたいがために、どのような行動を対象にデータを測定しているか、という対応関係が適切であるかどうかが、心理学における実証のロジックで最も重要だということになる。

　さらに、前出3つのうち「意識現象」と「意識」は、確かに心理学の関心対象ではあるが、これら2つの範囲は「心のはたらき」よりも狭く、その意味で、心理学が行動をとおして見いだしたいのは「意識現象」や「意識」だけではない。なぜなら、人は行動の背後にある「心のはたらき」を意識できる場合もあるが、たとえ自らのものであってもそのすべてを意識できるわけではないからである。もっと強い言い方をすれば、人間が展開している日常的な活動のうち、意識的になされているものはごくわずかである。たとえば、なぜ特に勉強した

わけでもないのにだいたい正しい文法で言葉（母国語）を話すことができるのかという，自分が「話せる」しくみを意識できる人はいないだろう。また，ものの見え方についても同様で，なぜわれわれが立体的にものを認識することができるのか，あるいはいわゆる「錯視図形」をなぜ物理的にあるがままの形や色で知覚することができないのか，といった視覚のしくみを意識できる人もいないだろう。意識している（できる）ものとしては感情や欲求などがあるが，これもその内容を意識することはできても，なぜそれが生じるのかを意識して感情や欲求を抱くことはほとんどないし，考えてわかるものでもない場合が多い。しかし，こうした「無意識」の行動の背後にメカニズムが何もないわけではない。つまり，心のはたらきを知ろうとするとき，それを意識できるものだけに限ってしまうと，わかることはごく限られたことになってしまう。心理学では，それが本人の意識にのぼるものであるかどうかによらず，心のはたらきについて推論するために行動に手がかりを求める。

　心理学を研究することの難しさは，おそらくここにある。心のはたらきがどのようなものかを意識することは困難なのに，行動とそれが表象している心のはたらきの対応関係が適切かどうかを問われるのだ。たとえば「洗面台の水道の蛇口をひねれば水が出る」という事実は，貯水槽から配水管を経由して家庭に水が引き込まれているという給水装置によって実現されているもので，われわれはこの給水装置のメカニズムを観察することができる。もちろんそこには複雑なしくみがあって一概に理解することは困難かもしれないが，明確でないところはない。行動と心のはたらきの関係は，それとはむしろ逆で，一見理解できそうでいて，明確だという証拠を見いだすのが難しい。それにあえてチャレンジするのが心理学を研究するという行為である。

3 節　心理学を研究することの面白さ

　これから心理学の研究法を学ぼうとする人に，その難しさを伝えてある程度の覚悟をもっていただく必要はあるが，難しさとともに面白さがあることも伝えなければ不公平だろう。直接的な研究対象である行動について，実にいろい

ろな角度から注目することができ，その背後にあるどのような心のはたらきを取り出すかも多様であるところが心理学の面白さである。それは，行動がただ一つの要素によって決定されるものではなく，いくつもの要素が組み合わさった複雑な相互作用の所産であることによるものである。相互作用のすべてをいっぺんに解明しようと考えるととてつもなく難しいが，どの要素に光を当てるかによって，さまざまな方向性をもつ研究が展開できる。これが，心理学を研究することの面白さである。

　どのような視点で行動を眺め，そこからどのような手がかりを得るかという違いによって，心理学は緩やかにいくつかの領域に分かれる。たとえば「初対面の人に出会ったときの人間の行動」について考えてみると，「どの程度の距離を取るか。どのような声のトーンで，どのような話から切り出すか。そこに旧知の人に出会ったときとはどのような違いがあるか」に注目することもできるし（社会心理学），「発汗や心臓の鼓動などに，どのような生理的変化が生じるか。それによって不安や緊張，ストレスの程度を記述することができるか」といったことに注目することもできるし（生理心理学），「初対面だというだけで極度に不安になってしまう人がいるが，それにはどのように対処すればよいのか」に注目することもできる（臨床心理学）。このように，注目する角度が多様であれば，それに関するデータを収集する方法，つまり研究技法にも多様さが生まれる。行動を眺める多様な視点があり，それぞれにとって適切な技法（本書およびシリーズをなす各巻で紹介するのは，実験，調査，観察，面接）が駆使されることによって，「初対面の人に出会ったときの人間の行動」一つをとっても，心のはたらきに関するバラエティに富んだ知見を提供することが可能になる。

　心のはたらきが一概には理解できないものなのであれば，個々の研究が徹底的にいろんな角度からスポットライトを当てることによって，集大成としてその姿を浮かび上がらせようとする持続的な努力が必要になるし，言い方を変えればそれこそが

心理学研究にふさわしいスタンスである。巨大なジグソーパズルを1ピースずつ埋めていく作業にたとえてもよいかもしれない。現時点でそれが完全にできているわけではないし,将来完成できるかどうかもわからない。もしあなたが,それを目指して進むことに面白みを感じることができるならば,おそらく心理学を研究することに向いているだろう。

第 1 部

心理学を「研究する」ということ

　序章で述べたとおり，心理学は「心の科学」である。心の科学に取り組むにあたり，われわれは何を知っておけばよいのか。第 1 部では「心理学を「研究する」ということ」と題して，心理学研究に着手する技能や技術を身につけるにあたって最低限知っておきたい知識を，大きな視点から解説する。

心理学のなりたち：心理学史

本章では，心理学を研究するという行為が何であるかを知るための基盤的知識として，現代における学問としての心理学の確立にいたる歴史的経緯について概説する。心理学的な問題は何世紀にもわたって論じられてきたが，実は，今からわれわれが学ぼうとしているような方法で科学的に研究されはじめたのは，ほんのここ150年くらいのことである。

1節 心理学と哲学

1 古代ギリシャ哲学

心理学は英語で"psychology"（サイコロジー）という。この言葉が登場したのは16世紀初め頃からだといわれているが，その起源は古代ギリシャにさかのぼることができる。ギリシャ語の"psyche（プシュケー）"と"logos（ロゴス）"が組み合わさってできた言葉が"psychology（サイコロジー）"である。プシュケーは元来「息（呼吸）」を意味していたのが転じて生命，心，魂を意味するようになった言葉で，ロゴスは論理や理性，あるいは概念や意味，といっ

た多義的なニュアンスをもつ言葉である。なお，日本で「心理学」という言葉が使われはじめたのは明治初期のことで，1875年には西周がアメリカで出版された書物のタイトル"Mental philosophy"を『心理学』と翻訳したのが端緒とされる。その後は，psychologyを「心理学」と翻訳するようになった。

　プシュケーは，古代ギリシャ哲学においてソクラテスやプラトンによっても言及されていたが，特に著名なのは**アリストテレス**による"Peri psychês（ペリ・プシュケース；プシュケーについて）"という書物である。思弁的で抽象的な内容ではあるが，生命をもつ有機体の現実性としてプシュケーをとらえ，身体と不可分の機能として，あらゆる生物の起動因として位置づけているところ，また，プシュケーが栄養摂取，知覚，理性といった順で階層をなしていると考えたところも，現代の心理学と通底している。とはいえ，あくまで内省的な考察から生み出される「プシュケーとは何か」に関する論考は，自己言及的な自と他の区別や，刺激に対する反応における状況による差異といった，現代の心理学では常識とされるような考え方とは傾向を異にしている。

2　近代哲学

　近代哲学において，心理学に大きな影響を与えたのは18世紀のイギリスの哲学者**ヒューム**（Hume, D.）による論考である。18世紀のイギリスは産業革命によって社会構造や経済システムが劇的に変化しつつある激動の時代であった。急速な生活様式の移り変わりや社会の価値観の変化は，人間の本質とは何かを問いたいという問題意識を活性化させた。ヒュームはその著書"A treatise of human nature（『人間本性論』あるいは『人性論』）"で，科学的考察と経験的分析による心の哲学を目指した。彼が依拠した経験主義は，現代の心理学に大きな影響を与えている。経験主義とは，世界のあらゆる事象を認識するための観念や論理は，目や耳などの感覚器官によって事物を知覚する「経験」によってのみ得られるもので，経験に先駆けた生得的な観念は存在しない，という立場である。ヒュームは，人間の知覚（perception）を印象（impression）と観念（idea）に分類し，印象とは直接的に与えられた知覚であり，そうした印象が組み合わされたり，また後に記憶や想像によって再現されたものが観念であるとした。そして，心的現象の世界に科学的な法則性を見いだす

ことによって，すべての学問の基盤としての人間本性（人性）を明らかにすることを試みた。

このように，19世紀半ば以前までの心に関する学問は哲学の範疇にあり，まだ心理学は独立した個別の学問分野として存在していなかった。

2節　心理学と医学

　医学も，心理学とかかわりの深い学問である。特に，心理学の草創期には，身体の構造や機能を探究する生理学分野が大きな影響を与えた。人体解剖学によって身体の構造を調べる研究は16世紀頃から発展していた。日本でも杉田玄白らによる『解体新書』（1774年に刊行された，オランダ語で書かれた解剖学書『ターヘル・アナトミア』の翻訳書）が著名である。これに，19世紀の顕微鏡技術の劇的な進歩による神経解剖学の発展が加わることで，身体の構造のみならず，その機能やシステムも探究する学問としての生理学が確立することになった。

　19世紀になされた生理学上の重要な発見には，心理学とかかわりの深いものが多くある。たとえば，ドイツの感覚生理学者ミュラー（Müller, G.）は，特殊神経エネルギー説を提唱し，人間の五感の区別は各感覚に対応する神経の違いによるもので，感覚はそれに対応する神経が興奮することによって生じ，物理刺激そのものによって生じるものではないという立場をとった。

　ミュラーは，科学的な生理学実験を行ないつつも，生物の身体内部には不可視の生体エネルギーが流れていて，そのエネルギーによって生命現象が生じるとする「生気論（vitalism）」の立場をとっていたが，彼の弟子たちは唯物論的な立場（materialism）から，生命現象一般は物理化学的過程として理解できるものと考えて，その後の研究を発展させた。中でも特に心理学に強い影響を与えたのが**ヘルムホルツ（Helmholtz, von H.）**である。ヘルムホルツはミュラーの仮説を拡張し，ひとくちに色や音といっても，赤と黄，1,000Hzと500Hzでは異なった神経を通るため，その感性的性質が異なると考えた。特に視覚における色の知覚の3原色説（ヤング－ヘルムホルツの理論）は，視覚や聴覚の

研究において顕著な業績をあげた。また彼は神経伝達速度の研究も行なっている。生命現象を物理化学的過程に還元する感覚生理学の考え方は、実験心理学の誕生に大きな影響を与え、心理学の**還元主義**的な基盤（複雑な全体を分解して個別の要素を調べることで全体を理解しようとする科学的手法）を形成した。

　また、大脳生理学と心理学の関連も深い。18世紀末にドイツ人医師ガル（Gall, F. J.）が提唱した骨相学は、脳は各々が異なる精神活動に対応した27個の器官の集まりであるとし、頭蓋骨の大きさや形状にその個人差が現われるとした。彼の主張には科学的根拠が欠けていたが、その後の大脳生理学は、ある意味で彼の思いつきに根拠を与えるものとなった。ブローカ（Broca, P. P.）やウェルニッケ（Wernicke, C.）による聴覚性言語中枢の発見や、ブロードマン（Brodmann, K.）による「脳地図」（大脳新皮質の細胞構築学的分類の提唱に代表される脳機能局在説）がそれである。現在も脳の機能に関する研究は盛んに行なわれており、特に非侵襲的に（生体を傷つけないような方法で）脳の血流を計測することで脳の活動をリアルタイムに調べる脳機能イメージング手法の発達は大きな進歩をもたらしている（図1-1）。心理学との共同研究も活発に行なわれている。

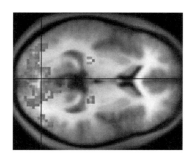

図1-1　fMRI（機能的磁気共鳴画像法）による脳機能イメージング[*1]

3節　心理学と生物学

　心理学の人間観に大きな影響を与えた学問に生物学がある。**ダーウィン（Darwin, C.）** が1859年に出版した『種の起源』で提唱された、生物の種は、生存闘争と自然選択（日本では「自然淘汰」といわれることが多いが、学術的には原語 natural selection に忠実なこの訳語を用いる）によって変わっていくという考え方は、それまでの伝統的な人間観を打ち破るに十分なインパクトをもっていた。「キリンの首はなぜ長い？」のエピソードがわかりやすい。よく

ある解釈は，高いところの食べ物を探そうと努力した結果として首が伸びたのだ，というものだが，ダーウィンの考え方は，食べ物をめぐる生存闘争の中で，もともと少し首の長かったキリンが他のキリンよりも食べ物の獲得に有利な形質を備えていたために生き残った，という自然選択を強調する。元来，種の中にはある程度のばらつき（変異）があるのだが，時折劇的な変異が起こることがある。これが突然変異である。それがその種の生活している環境とあいまって，たとえばキリンであれば（通常のばらつきよりも）首の長いことが生存に有利な生活環境であれば，そういうキリンが生き残り（そうでないキリンは生き続けられず），繁殖する（子孫を残していく）ことによって，キリンという種の進化に方向性を与えることになる，という仮説である。首の長さのような身体的形質だけではなく，心理的・行動的形質にもこの考え方を適用することができる。ある心理メカニズムをもつ個体が，その心理メカニズムをもたない他の個体に比べて生存・繁殖のうえで有利であれば，自然選択により，その心理メカニズムが人間という種全体に広がっていくと考えられる。さかのぼって考えると，ある形質がある種の個体の多くに普遍的に見られるのであれば，その形質はその種の生存や繁殖を有利にさせるなんらかの機能を果たすものだったと解釈することができる。こうした**進化論**の考え方は，人間の心理を理解するための視点として，哲学とはまったく異なり，大きなインパクトを与えることになった。

　また，『種の起源』は，すべての生物は一種あるいはほんの数種の祖先的な生物から分岐して誕生したという仮説を唱えて，人間と動物の連続性を主張した。この主張は，人間の創造主たる神，というキリスト教的価値観と真っ向から対立するため，現在にいたる大きな議論を呼び起こしたが，心理学においては比較心理学の重要性が認識されることになった。すべての生物の基本的なしくみにはある程度の共通点があり，特に進化の流れの中で近い距離にある（近縁の）生物同士

人間と動物の連続性

ではそれが増えると考えられる。行動や学習は脊椎動物であれば基本的なしくみは似通っており，昆虫においても人間との共通部分が少なからず見られる。**比較心理学**は，人間以外の動物の行動や心理プロセスを研究することをとおして，人間のそれに対する理解を深めようとするアプローチであるといえる。

4節　近代心理学の創始とその発展

1　ヴントの実験心理学

このように，心の問題にアプローチする試みは古代から数多くなされてきたが，「心の科学」としての心理学は，医学や生物学の強い影響を受けつつ，**ヴント（Wundt, W.）** によって創始されたと見なされている。ヴントはヘルムホルツの助手を務めたこともある研究者で，ドイツのライプツィヒ大学の教授として世界で最初の心理学実験室を設置し，1879年にここで大学の公式カリキュラムとして心理学のゼミナールを開始した（図1-2）。

ヴント以降の心理学は，過去のアプローチと区別して「**近代心理学**」と称されることも多い。何が異なるのかといえば，心理学は経験科学であるとし，それまでの哲学的な心理学とは異なる実証的な心理学を構想したところである。それまで哲学で長らく論じられてきた感覚・知覚や判断力の問題を，新し

図1-2　最初の心理学実験室におけるヴント（中央）と弟子たち[*2]

い手法—自然科学的手法（実験）によって系統的に検討した。ヴントは，人間を外側から研究する生理学に対して，内側から研究するのが心理学だと考え，その研究対象は直接経験としての「意識」であり，それを「**内観法 (introspective method)**」という方法によって研究することを試みた。内観とは，自分自身の心の中で起こっていることを，自分自身で観察することである。なお，心理療法としての内観法（Naikan therapy；「自分を知る」ための方法として開発された自己観察法）とは異なる。

　ヴントの心理学実験は，たとえば，実験参加者にメトロノームの音を聞かせて，それがどのような音のまとまりとして聞こえるかを詳しく報告することを求める，といったかたちで行なわれた。つまり，人が外界からの刺激に注意を向けることによってどのような感覚や感情が生じるかを，その人自身に見つめさせ，報告させたのである。メトロノームの速度を変化させると，生じる感覚や感情が異なる。快く感じるリズムがあり，また速度が速くなると切迫感が増す。ゆったりしたテンポが刻まれるとリラックスできる。ヴントはこうした主観的体験を統合して，人間の感情は「快－不快」「緊張－弛緩」「興奮－沈静」の３次元で構成されているという**感情の３次元説**を提唱した。

2　その後の心理学の発展

　ヴントが創始した実証科学としての心理学は，世界各国から集まった門下生たちによって世界中に広まった。それと同時に，ヴントの心理学に批判的スタンスをとり，意識と主観を内観法によって要素還元主義的に研究するスタンスそのものへのアンチテーゼを唱えるさまざまな学派・学説も次々と現われることとなった。特に大きなインパクトをもった３つが，要素還元主義的な心の分析ではなく心の全体性（ゲシュタルト）の把握を目指したゲシュタルト心理学，ワトソンに端を発する，主観的な内観法を否定して客観的な外部からの行動観察によって行動原理を考えようとした行動主義，そして，意識に対する無意識の概念を重視し，それを心的現象・心的病理の説明原理と見なした精神分析である。

　ゲシュタルト心理学の「ゲシュタルト」はドイツ語で「形態」という意味の単語 Gestalt に由来している。ゲシュタルト心理学は，ヴントの唱えた要素還元主義を否定し，心理現象を一つのまとまりとしてそのまま研究するべきだ

と主張した。この「全体としてのまとまり」の重要性を視覚において実証したのが**ウェルトハイマー**（Wertheimer, M.）による仮現運動の実験である。彼はこの実験で，水平な線と45度の斜線を連続して呈示すると線が運動しているように見えることを示して，物理的には存在しない動きが見える，つまり「全体は要素の足し算ではない」ことを示した。

アルバート坊やの恐怖の条件づけ実験

行動主義は，心理学が研究対象とすべきは，内在する「意識」ではなく，外部から観察可能な「行動」であるべきだと主張した。ヴントの研究事例にもあったとおり，意識を対象とすると，調査方法は言語報告にほとんど限定される。これは，言語機能が未発達な乳幼児など，あるいは，動物を対象とする研究には適用できない。アメリカの心理学者**ワトソン**（Watson, J. B.）は，あらゆる学習の基本は条件づけ，つまり刺激（stimulus：S）－反応（response：R）の結びつきからなると考えて，これを実証するために乳幼児の「行動」を対象とする研究を行なった。「アルバート坊やの恐怖の条件づけ実験」として知られている。アルバート坊やは生後11か月の男児だが，ワトソンはアルバートに白ネズミを見せると同時に大きな金属音を聞かせるという体験を繰り返し行なわせた。するとアルバートは，白ネズミを見せただけで逃げ惑うという恐怖反応を示すようになった（恐怖の条件づけ）だけではなく，白ウサギや毛皮，サンタクロースのお面など，白ネズミに似たような特徴をもつ対象にも同様の恐怖反応を示すようになった（般化）。なお，この映像はウェブ上でも見ることができる（https://en.wikipedia.org/wiki/File:Little Albert experiment (1920).webm）。この研究は，言語報告によらないかたちで，人間の刺激に対する反応の条件づけが形成される行動メカニズムをとてもよく説明している。

オーストリアの精神科医**フロイト**（Freund, S.）によって創始された**精神分析**は，精神世界は意識されているものだけで成り立っているわけではなく，意識の外部（無意識的なもの）があるとする考え方であり，ヴントのように内観

法によって意識を分析するだけでは人間の心は深く理解することができないと主張した。彼は無意識の世界を探るための方法として自由連想法や夢分析などを考案している。自由連想法は，ある刺激語を与えて，心に思い浮かぶままの自由な考えを何でも話してもらい，刺激語と連想語の関連を分析することで，心理的抑圧を解明しようとする手法である。夢分析は，夢を思い出す際に自由連想を用いる手法で，夢を構成していた場面や要素を本人の性格や生育歴と関連づけて考察することで，抑圧された願望やコンプレックスを分析する手法である。フロイトの精神分析は，前述のヘルムホルツらに代表される唯物論的な科学観を背景とする「科学」を目指していた。彼が提唱した数々の理論は，後世の精神医学や臨床心理学などの基礎となった。

こうした諸学説の展開によって，20世紀にいたってようやく心理学という学問の骨格が形成された。

5節　第二次大戦後の心理学

前節で概観したとおり，近代心理学はドイツを中心とするヨーロッパで勃興したが，第二次世界大戦の時代となり，ナチス・ドイツの力が強まると，研究者たち（多くのユダヤ人も含まれていた）は次々と自由を求めてアメリカに亡命し，それとともに心理学の中心地もアメリカに移った。特に行動主義的心理学や精神分析は，アメリカにおいてその地位を確立したといってよいだろう。また，長く続いた世界大戦とそれによる多大な「負の遺産」は，すべて人間が引き起こした出来事でありその結果であった。心理学者たちは「人間とは何か」という問題意識をいっそう強くもつようになった。

1　社会心理学

ナチス・ドイツのユダヤ人や社会的マイノリティに対する残虐な行為をはじめとする戦争の負の産物は，ヒトラーのような支配者たちが本質的に悪であったために生まれたものなのか（つまりそういう性質をもつ人間でなければ着手しないものなのか），それとも人間ならば誰でも手を染めてしまう可能性があ

るものなのか。個人の性質や遺伝的要因だけではなく，その個人がどのような状況に置かれるかも，反応（行動）に大きな影響をもたらすのではないか。こうした問題意識を強くもつ心理学領域が**社会心理学**である。第二次世界大戦という歴史的事実は，社会心理学研究を大きく発展させることになった。

　ここでは代表的な研究を2つあげる。ミルグラム（Milgram, S.）は，閉鎖的な状況においては権威者の指示に容易に従い，残虐とも思える行為に着手してしまう人間の心理を，実験室実験によって検証した（Milgram, 1963）。服従実験，あるいは戦後にイスラエルで戦犯として裁かれた際にユダヤ人虐殺に関与した理由を「命令に従っただけだ」と証言して注目をあびたナチス・ドイツの警察官僚の名前をとって「アイヒマン実験」とも呼ばれる一連の研究である。エール大学の心理学実験室に来室した対象者は，記憶に関する実験だと称する課題で教師役を割り当てられ，生徒役が誤答するたびに罰（電気ショック）を与えるよう，そしてその強さを上げていくよう実験者から指示される。最も有名な実験では，教師役と実験者は同じ部屋にいて，生徒役は別の部屋にいるため，電気ショックに苦しむ生徒役の反応を見て取ることはできない。一方で，罰を与えることに抵抗しても「続けろ」と言う実験者はそばにいる。こうした状況では，ミルグラムやその仲間たちも想像しなかった程度に，教師役は命令に服従し，電気ショックを与え続けたのである（図1-3）。

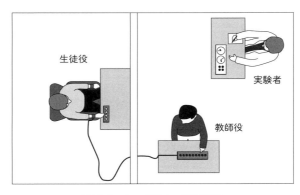

図1-3　ミルグラムの服従実験

また，ジンバルド（Zimbardo, P. G.）がスタンフォード大学で行なった実験も心理学の歴史に名を残している。監獄実験という名で知られるとおり，地下実験室フロアにつくり上げられた模擬監獄に案内された対象者は，看守役か囚人役に無作為に割り当てられ，2週間の予定でそこで過ごすことを求められた。看守役は制服を着て表情を読み取られないようにサングラスを着用したり，囚人役は街中で「逮捕」されて実験室に「連行」され，囚人服を着せられる，といったディテールにも凝っていたが，無作為に割り当てられたということからも明白なように，役割と本人の性質はまったく無関係であった。しかし，特に実験者が指示を与えないにもかかわらず，日時の経過につれて，看守役は囚人役に罰を与えたり屈辱的な拷問を与えたりしはじめ，囚人役はきわめて強い身体的・心理的苦痛に服従させられることになった。結局6日間で実験は中止されたが，そこまで継続されたことすら，ジンバルド自身が状況に「のまれて」いたことを示す証左でもあった（zimbardo, 2007）。

　これらの研究成果は，いずれも人間の引き起こす社会現象をミニマムな実験室実験状況で再現したものとして大きなインパクトをもっている。しかしそれと同時に，こうした実験を実施すること自体の倫理的問題についても強い関心を呼び起こすことになった。心理学の研究倫理に関する問題は第8章で詳述する。

2　認知心理学

　1950年代に始まった「認知革命」は，認知科学という名で総称される，情報科学，言語学，神経科学，計算機科学などの数多くの学問を生み出した。心理学では，情報処理の観点から人間の認知活動を研究する**認知心理学**がそれである。認知心理学が対象とするのは人間の高次認知機能で，記憶，思考，学習，推論，問題解決などが主要なテーマである。刺激（S）－反応（R）の関係を明らかにすることに注力した行動主義に対して，認知心理学ではその間を媒介するものを考慮する必要性を重く見る。外界から入ってきた情報を人間がどのように意味づけ，どのように処理しているのかを分析しなければならない，という主張である。こうした学問が隆盛したのは，コンピュータの発展と密接に関連している。認知心理学では人間の認知過程を精巧なコンピュータと見なして，その認知過程を一連の情報処理過程ととらえる学問であるといえる。

たとえば**ブルーナー（Bruner, J. S.）**は，人間の主観的認知や欲求，経験によって知覚の内容が変化することがあるというニュールック心理学を提唱した。コインの大きさの知覚実験が有名である。10歳の子どもたちを対象に，1セントから50セントまでの5種類のコインと，それと物理的には同じ大きさの円板を呈示して，どのくらいの大きさに見えるか，見かけの大きさを測定した。コインは同じ大きさのディスクよりも大きく見えている（過大視）傾向が示されたが，それは経済的に貧しい状態の子どもにおいてより顕著であった。つまり，物理的には同じ刺激（コイン）であっても，その意味には個人差があるために反応（大きさの評価）が異なること，またそれは経済状態（コインの価値が異なること）によるものだということを示したのである。

　また**バンデューラ（Bandura, A.）**は，学習において認知的要因を重視する**社会的学習理論（social learning theory）**を提唱した。ここで重要な概念は「模倣」である。バンデューラは，従来の学習理論が学習は直接的な経験に基づくものであることを前提としていたのに対して，他の個体（人間や動物）の行動を観察し，それを模倣することによっても学習が成り立つことを実証した。彼の実験で，子どもたちは2つのグループに分けられ，うち一つのグループの子どもは部屋で一人の大人が風船のように膨らませた「ボボ人形」に乱暴な行為をしているところを見せられた。もう一つのグループの子どもたちは普通に大人が遊んでいるところを見せられた。その後，各グループの子どもを一人ずつその部屋に入れてどのように行動するかを観察したところ，人形に乱暴する大人を見たグループの子どもはそうでないグループの子どもより人形に攻撃的な行為をした。つまり，バンデューラはこの実験で，直接的な経験を経なくとも，子どもたちは大人の行動を模倣し，自分の行動に反映させるという学習が成立することを示したのである。

社会的学習理論：子どもは大人の乱暴な行動を模倣し，学習する

6節　日本の心理学

　最後に日本における心理学史について触れておこう。日本に心理学を紹介したのは**元良勇次郎**で，彼はヴントの薫陶を受けたアメリカの心理学者ホール（Hall, S.）のもとに留学して学んだ心理学を故郷に持ち帰った。初めて心理学の実験室（当時の名称は精神物理学実験室）が開設されたのは1903年，場所は東京大学であった。私学として日本最古の心理学研究室が創設されたのは関西学院大学で，今田恵が1923年にドイツ・チンメルマン（Zimmermann）社より心理学実験機器一式を購入した（図1-4）。日本心理学会のWebサイト「心理学ミュージアム」の「歴史館」には，関西学院大学をはじめとする日本各地の大学に所蔵されている古典的実験機器が数多く展示されている（http://psychmuseum.jp/device_top/）。第二次世界大戦による停滞期はあったものの，世界的な心理学の発展の歴史と軌を一にして，日本の心理学者たちも活発な研究活動を展開している。

　研究活動の活発さは，研究者や専門家が学術活動の拠点とする「学会」が，1927年に成立した日本心理学会を端緒として，多く存在することからもわか

図1-4　チンメルマン社から心理学実験機器を購入した際の送り状
（関西学院大学心理学研究室80年史 編集委員会，2012）

表 1-1　日本の主な心理学関連学会（2017 年 3 月現在）

学　　会	会員数
日本心理臨床学会	27,913
日本 LD 学会*	8,997
日本心理学会	7,943
日本教育心理学会	6,433
日本カウンセリング学会	4,446
日本発達心理学会	4,113
日本特殊教育学会	3,784
日本箱庭療法学会	2,051
日本認知・行動療法学会	1,931
日本健康心理学会	1,877

*　LD：学習障害

る。心理学系学会の連合組織である一般社団法人日本心理学諸学会連合には，2016 年 4 月現在で 51 団体が加盟している。表 1-1 はそのうち会員数の多い上位 10 の学会である。目立つのは臨床・障害・教育系の学会であり，それぞれの現場で心理学系の仕事に従事する実務家が数多く輩出され，活躍していることがわかる。ちなみに著者が主に活動している日本社会心理学会の会員は 1,800 名ほどで，実務家の数が少ない（つまり研究者中心の）学会の中では比較的大規模なほうである。学会は，研究論文を掲載する学術誌（日本社会心理学会であれば『社会心理学研究』）を刊行し，また年 1 回（ないしは 2 回）は大会を開催して，会員間および関連領域との研究交流を展開している場合が多い。学術誌への論文投稿は会員資格が必要な場合がほとんどだが，第 3 章でも紹介するように，掲載論文は，特に近年であればインターネット上で（ほとんどの場合無料で）公開されている場合が多いので，手軽にさまざまな領域の心理学研究に触れることが可能である。

　日本でも 100 年以上にわたって培われてきた心理学研究だが，学界の長年にわたる念願が，心理学を仕事とする人々に付与できる国家資格をつくることであった。もちろんこれまでにも臨床心理士や臨床発達心理士など心理職に関する資格は存在したが，いずれも民間資格であり，国家資格（国の法律に基づい

て個人の能力・知識が判定され，特定の職業に従事すると証明される資格）ではなかった。1980 年代に具体的な議論が始まった心理職の国家資格をめぐる議論は，紆余曲折を経たものの 2015 年 9 月に「**公認心理師**法案」が国会で可決・成立し，2018 年に初の国家資格「公認心理師」取得者が誕生したことによって新たな展開を迎えた。資格養成のための課程を備えた大学の学部で心理学およびその関連領域に関する必要科目（基礎科目・発展科目・実験演習科目など）を修めて卒業したうえで，養成課程を備えた大学院で豊富な実践実習を含む科目を履修するか，養成課程を備えた大学で学んだ後に一定の要件を満たした施設での十分な実務経験を経る，またはそれと同等の知識および技能が認められることによって，国家試験の受験資格が与えられる。公認心理師が活動する領域は，教育，医療・保健，福祉，司法・矯正，労働・産業，学術・研究など非常に多岐にわたるものが想定されており，特定の分野に限定されない「汎用性」と「領域横断性」を謳っている。それだけに，公認心理師という国家資格が今後どのように社会に受容され，発展していくかは未知数なところもある。しかし，心理学という学問がなんらかの新たな展開を見せることは間違いないだろう。

註

＊ 1：https://commons.wikimedia.org/wiki/File:Functional_magnetic_resonance_imaging.jpg
＊ 2：https://en.wikipedia.org/wiki/Wilhelm_Wundt#/media/File:Wundt-research-group.jpg

研究の準備：心理学研究の基礎知識

　本章では，心理学研究に着手するにあたり，誰もが共通理解をもっておくべき重要事項について解説する。幅広い領域と多様な方法をもつ心理学研究だが，それらに共通する言語なので，まず手はじめに知っておいてほしい。まだ皆さんは心理学研究のほんの入門段階なので，それぞれの領域，それぞれの方法で言語を駆使する具体的方法を知る前に，なるべくわかりやすい例をあげながら，それぞれを大づかみに理解してもらうのが目的である。

1節　概念的定義と操作的定義

　心理学のような社会科学は，自然科学と比較して「不確実な科学」と呼ばれることがある。なぜなら，社会科学には，自然科学のように分野全域にわたって普遍的に定義されている用語・数量・単位といったものはほとんど存在しないからである。なぜそのようなことが生じるかといえば，社会科学では，実際に直接観測できる事象だけではなく，直接観測することは不可能だが言葉としては存在するもの，つまり**概念**（concept）を扱うからである。心理学が主た

る研究対象とする「心」こそがまさに典型的にそうであることは序章でも述べたとおりである。

　目に見えないが確かにそこにあるはず，という概念を研究対象とするとなると，次のような問題が頻繁に生じる。たとえば，ある研究者が，自分なりの経験に基づいてある概念を自明（アプリオリ）なものとして仮定し，それに名前をつけたとする。すると，他の研究者はその概念について，他の研究者なりの経験に基づいて意味を考えるので，両者に食い違いが生じることがある。両者の考える意味に食い違いがあるままで，しかし同じ一つの概念について議論を進めると，まるで「群盲象をなでる」——複数の研究者が，それぞれ巨象の身体のあちこちに触れて，全体（本質）をとらえたつもりになっている——かのような状況に陥ってしまう。こうした状況を回避し，共通の立場でとらえうる普遍性を目指すためには，ある研究において使用する概念は，その研究（あるいはそれが位置づけられる文脈）においてきちんと定義しておく必要がある。

　定義（definition）には，**概念的定義（conceptual definition）**と**操作的定義（operational definition）**の２つのレベルがある。概念的定義とは，その概念の意味を説明する言葉（文章）のことで，意図している意味合いをできるだけ正確に表現するために不可欠である。しかし概念は直接観測することが不可能なので，その観点からすると曖昧である。これに対して操作的定義とは，概念を観察・測定する手続きによって定義するもので，「概念は，それに対応する一組の操作と同義である」という操作主義に立脚して，概念をよりわかりやすく明確に定義することを試みるものである。

　典型的な心理学概念として「知能」を考えてみよう。典型的に「目に見えないが確かにそこにあるはず」の概念である。アメリカの心理学者ウェクスラーは，知能の概念的定義を「特定の能力ではなく，各個人が目的的に行動し，合理的に行動し，自分の環境を能率的に処理する総合的な能力」とした（Wechsler, 1944）。この定義を読むと，なんとなく知能という概念が指す意味は理解できるだろう。しかしそれだけでは，目の前に研究対象者がいて「ではこの人の知能はどのくらいですか？」と問われても，どうしたらよいか困ってしまう。目的的，合理的に行動するとはどんなふるまいのことを指すのか？　総合的な能力とはどのように表現されるものか？　そこで登場するのが操作的定義であ

る。ここでは「知能とは知能検査で測定された得点である」というのがそれにあたる。知能検査とは，複数の課題を実施して，その得点によって知能の程度を表現するためのツールである。たとえばウェクスラーの開発した成人知能検査（WAIS）は，言語性知能と動作性知能に関する各7つの検査によって構成されており，それぞれに関する知能指数（IQ）と両者の合成得点による全検査知能指数を知能の指標とする。つまり，知能の概念的定義に基づいて，どのような手続きに従って，どのように対象者を取り扱えば知能が算出できるかを事細かに操作的に定義するのが知能検査である。

　概念的定義は一つに決まったものではない。そして，数多くの研究者によってWAIS以外にも多種多様な知能検査が提案されていることからもわかるとおり，操作的定義もまたさまざまである。あるいは，知能は知能検査で測定すると決まったものでもない。これを指して不確実だといわれたらそのとおりである。そして，不確実であるがゆえに，概念的定義と操作的定義の**妥当性**（validity；概念をきちんととらえうるものになっているかどうか，満足にそれを表現できているかどうか）と，**信頼性**（reliability；同じ対象に同じ条件で同じ検査を繰り返し実施した場合に，同様の結果が得られるかどうか）は，常に検証の目にさらされることになるし，同じ概念を手法の異なるいくつもの操作的定義で測定することができるのだから，それらのうち一つだけを決め打ちで採用するのではなく，複数を用いるのが望ましいだろう。知能検査ばかりではなく，心理学においてある概念をなんらかの方法で測定した場合には，その信頼性と妥当性が確保されているかどうかが，常に研究の根幹にかかわる問題となる。

2節　信頼性と妥当性

　測定において，得られた結果に一貫性が見られるかどうかという信頼性と，測定したいものをきちんと測定できているかどうかという妥当性が満たされていることは重要である。信頼性とは測定の精度，つまりなんらかの心理的状態や行動を安定して測定できている程度である。これに対して，妥当性は測定の

有意味性，つまり目的の心理的状態や行動を確かにそれとして測定できている程度である。

たとえば，引っ越しをするときに，転居先の洗濯機置き場の幅を目分量で測定し，「入るだろう」と思って今使っている洗濯機を持って来てみたら，ぎりぎり入らなかった，という悲劇を想像してみよう。洗濯機置き場の幅が1ミリでも狭ければ洗濯機は入らない。目分量による測定は，確かに洗濯機置き場の幅を測定しているという点で妥当性は高いのだが，所詮は当て推量だから誤差が大きく信頼性が低い。より精度の高い測定をしたければ面倒でもメジャー（巻き尺）を持って来るべきだったのである。では，メジャーが身近に見当たらないからと，同じ測定器のキッチンスケール（はかり）を持って来たらどうだろうか。重さを測定する精度は高い（信頼性は高い）かもしれないが，この場合は何の意味もない（妥当性が低い）。現有の洗濯機を無駄にしたくなければ，新しい洗濯機置き場と現有の洗濯機の幅をメジャーで測り，前者が後者よりも広いことを確認するというのが，信頼性と妥当性が揃った測定法だということになる。心理学研究でも，この両方が揃ってこそ，「あてになる」測定が可能となり，それに基づく法則性の発見の試みが意味をもつようになる。

もう少し抽象的に説明してみよう。測定したい概念をアーチェリーの的の中心に，それをいくつかの項目で測定した個々の結果を矢になぞらえて，心理学的な測定における信頼性と妥当性の関連をわかりやすく説明したのが村井（2012）である（図2-1）。(a)の場合，矢は的の中心に当たっておらず，またそれぞれバラバラな箇所に当たっている。これが，信頼性と妥当性がともに低

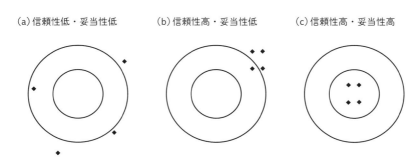

図2-1　信頼性と妥当性の関係（村井，2012より作成）

い状況である。(b) では矢は的の中心を外しているが，特定の箇所に集中して当たっているので，信頼性は高いが妥当性は低い場合である。(c) では4本の矢すべてが的の中心に当たっている。信頼性と妥当性がともに高い状況を指す。この3例からわかるのは，測定の精度が高いことが，必ずしもその測定の有意味性を保証するわけではないということである。つまり，測定の信頼性は妥当性の必要条件だが（信頼性が高くなければ妥当性が高い場合を想定することはできないが），十分条件ではない（信頼性が高くても妥当性が高いとは限らない）ことがわかる。

　信頼性と妥当性について多面的な観点から検討し，それを確保することは，「不確実性の科学」である心理学にとって学問の生命線ともいえる。心理学概念を測定する際は，長さを測るなら定規やメジャー，重さを量るならキッチンスケールや体重計といったように，ある程度決まった測定器がある場合は少ない。また，長さや重さを相手にする場合でも，富士山の高さやゴジラの重さを正確に測定するとなると，通常用いる測定器では太刀打ちできないので，どうすればよいかと思案しなければならない。このように，測定方法そのものに工夫を凝らす必要があることも多い。信頼性と妥当性の両方を備えた測定をするために，具体的にどういう研究手続きにおいてどのような点に配慮し，またどのような方法でそれを確認するかについては，第4章で概説したうえで，本シリーズの他巻でもさらに各研究法に特化した詳細な解説を加える。

　また，信頼性と妥当性について考える際に関連して知っておくべきなのが**誤差（error）**に関する問題である。測定が目指す理想は対象となる変数の真の値を把握することだが，実際に測定する値には必ずばらつきがあり，その原因のことを誤差という。測定の際に発生する誤差には，**系統誤差（systematic error）**と**偶然誤差（random error）**の2種類がある。系統誤差は，たとえば長さを測る際に，気温によって微妙に伸び縮みするメジャーを使っていると，気温が高ければ真の値より測定値は短め，低ければ長めになるように，ある測定を同じ方法で行なうかぎりにおいて常に生じうる，一定の傾向をもった誤差のことである。図2-1でいえば (b) のように的の中心から一定の方向と距離にずれたところに集中して矢が刺さることを指す。これに対して偶然誤差は，測定のたびにランダムに生じる誤差のことで，長さを測るときにメジャーの端

を押さえていたのがテープを伸ばすときに少しずれてしまったり，慌てていて目盛りの読み取りが不確かになったりといったように，真値とさほど異ならなかったとしてもどの程度ずれるかの予想がつかない，測定ごとに偶然にばらつく誤差のことである。図 2-1 でいえば，的の中心から少しずつ，しかしでたらめにばらついて矢が刺さることを指す。測定のたびごとの偶然の誤差は，なるべく小さくする工夫をすることまではできても，消し去ることは難しい。しかし，系統誤差は，たとえば温度により伸び縮みしないメジャーを使うとか，一定の温度下でしか測定しないなどといった工夫で取り除くことができる。こうした誤差の原因を特定し，取り除くことによって，測定値をできるだけ真の値に近づける（矢を的の中心に当てる）努力もまた，信頼性と妥当性を高めることにつながる。

3 節　相関と因果

　測定したデータの吟味において重要なのは，まずは特定の性質を表わす変数のデータ一つひとつがどのような特徴をもっているかを確認することである。しかし通常それで事足りることはない。各変数の特徴をふまえたうえで，変数同士がどのような関係をもつかを探る方向へと研究は展開していく。複数のデータの間になんらかの関係を見て取ることができ，さまざまな観点から検討してそれが本物だと思われ，さらにその関係を定量的に表現できるならば，そこには法則性があると主張してよいだろう。しかし，その主張をする前に，その関連は本当に正しいのかどうかをよく検討しなくてはならない。

　複数の変数間の相互関係を示す概念には，**相関（correlation）** と **因果（causation）** の2つがある。この2つの相互関係の間の「関係」をしっかり理解しておくことは，測定したデータから一般的事実を導出する際に思わぬ落とし穴に落ちてしまわないために非常に重要である。

　相関関係とは，2つの変数になんらかの規則的な関係があることをいう。最もわかりやすいのは，両者に直線的な関係がある場合である。まず，変数 X の値が大きいときは変数 Y の値も大きい場合を考える。たとえば身長が高い

人のほうが低い人よりも体重が重いとか，授業への出席率が高ければサボりがちな人よりも成績が良いといった関係で，こうした場合を「正の相関」という。逆に，変数 X の値が大きい（小さい）ときは変数 Y の値が小さい（大きい）場合もある。コンパクトで軽いノートパソコンのほうが分厚く重いものより価格が高いとか，抑うつ傾向が高い人はあまり抑うつ的ではない人よりも友人の数が少ないといった関係は，「負の相関」という。しかし，相関関係は直線的なものに限ったわけではない。片方の変数が「あり」「なし」のような 2 つの値しか取らないような場合や，2 つの変数の間に曲線的な関係がある場合も，やはり相関関係があるという。前者については，飲酒する人のほうがしない人よりも血糖値が高い，男性より女性のほうが平均寿命が長い，といった関係がこれにあたる。後者については，交際を始めた頃はあまり自己開示（ありのままの自分の情報を伝えること）をしないが，交際が深まるにしたがい（相手に理解してもらいたいという気持ちから）多くの開示をするようになる。しかし交際が長期にわたると（わざわざ開示しなくてもわかりあえるようになるため）またあまり開示しなくなる，といった逆 U 字型の関係を想定するとわかりやすいだろう。相関関係の統計的表現については，特に直線的関係を中心に第 6 章で解説する。

　因果関係とは，変数 X が原因で変数 Y の変動が引き起こされるという結果が生じる場合である。2 つの変数の間に因果関係がある場合には，両者には必ず相関関係がある。しかし，逆は必ずしも真ならずで，変数 X と変数 Y の間に相関関係が見られるからといって，変数 X が変数 Y の原因であるとは必ずしもいえない。変数 X と変数 Y に相関関係がある場合，両者の因果に関する関係については，表 2-1 にあげるようにいくつかの可能性がある。

表 2-1　相関関係をもつ変数 X と変数 Y の因果に関する関係

①変数 X が原因で，変数 Y が結果（変数 X →変数 Y）
②変数 X が結果で，変数 Y が原因（変数 X ←変数 Y）
③相互的な因果関係（変数 X →変数 Y かつ変数 X ←変数 Y）
④変数 X も変数 Y も，変数 Z を原因とする結果
⑤何の因果関係もない

表 2-2　変数 X →変数 Y の因果関係を決定するための条件

①2 変数間の相関関係の強さ
②時間的先行性（X が Y に先行して出現すること）
③関係の特異性（X が Y の発生に特異的にかかわっていること）
④関連の普遍性（X と Y の関係が測定の時期・対象・方法が異なっていても認められること）
⑤関連の整合性（X が Y の原因になりうることが外的基準により検証できること）

　このように，変数 X と変数 Y において相関関係が存在することは，因果関係を決定する条件の一つではあるが，因果関係があると自動的に決まる十分条件ではない。有名かつ平易な例として「カエルが鳴くから雨が降る」という俗説と「カエルの鳴く量と降雨量の相関関係」を考えてみるとよい。雨が降っているときのほうがカエルはよく鳴くが，カエルが鳴くことが雨を呼ぶわけではない。変数 X が原因で変数 Y の変動が引き起こされている，という因果関係を決定するための条件には，表 2-2 に示す 5 つがある。

　これらすべてをクリアして，因果関係の存在をつきとめるのは実は非常に難しい。一方でわれわれは，2 つの変数に相関関係があるとなると，そこから即座に因果関係があるかのように思い込みがちである。こうした行為はある種の論理的誤謬（論証過程に明らかな間違いがあるために，全体として妥当でない論証）だが，研究者においても免れ難いものなので注意が必要である。

　しかし，2 つの変数のどちらが時間的に先行するかを特定できない方法で収集されたデータに基づいて，X（原因）→ Y（結果）という因果関係を完全に同定する方法論は存在しない。たとえば，小中学生を対象として，攻撃性の程度を測定する尺度と，対戦型のオンラインゲームをプレイする頻度を同時にたずねる調査を実施したとしよう。得られたデータを分析して，両者の得点に強い相関関係が見いだされたとしても，子どもの攻撃性が高まるにつれて対戦型のオンラインゲームを好み，より頻繁にプレイするようになるのか，子どもが対戦型のオンラインゲームに「はまる」と攻撃性が高くなるのかはわからない。つまり，同じタイミングで変数 X と変数 Y の両方に関するデータを収集した場合にわかるのは，X が大きく（小さく）なると Y が大きく（小さく）なる傾向がある，という関係があるかどうかだけであって，それが表 2-1 の関係の

うちどれなのかまでは特定できないのである。

　もちろん，おそらくこちらが原因でこちらが結果だろうと推測できる場合も少なくはない。たとえば，個人のパーソナリティと行動の関係であれば，前者が後者の原因だと考えるのがおそらく合理的だろう。しかしそれでも，ある個人の態度の原因をパーソナリティに求める因果モデルを検討する際に，一時点で取られたデータに基づくことには慎重であるべきで，たとえパーソナリティを原因変数，態度を結果変数とする分析モデルに当てはめて統計的に有意な（想定した因果関係の存在を主張しうるという）結果が得られたとしても，それは因果関係を「立証」したことにはならないので注意が必要である。逆の関係を想定する分析モデルに当てはめても同様に有意な結果が得られる可能性も十分にあるが，そうなった場合にどちらを採用すべきかを決める手がかりがない。

　因果関係が特定できない，というのは，一時点でデータを収集する（つまり，1回かぎりの）調査であればもちろんのこと，同じ人々を対象に複数時点にわたってデータを収集する縦断調査であっても基本的には同様である。たとえば「人は孤独なときほど酒をよく飲みたがる」かどうかを検討したい場合は，対象者たちに毎日孤独感と飲酒量をたずねて，それぞれの変化に着目することになる。ある個人の中で，孤独感を強く感じているときに飲酒量が増え，そうでないときに減るというような関連があるかどうかを検討するわけだ。こうした個人内変化の間の関係は，因果関係ではなく，**共変**（covariance）関係と呼ぶ。人為的に孤独感が高まるような状況に人を置く，あるいは，故意に多くの飲酒をさせてみる，といったどちらかを原因だと特定しうる操作をしたわけではないので，因果関係を同定することはできない。

　「相関必ずしも因果ならず」。相関関係の検討は比較的容易だが，因果関係の有無をつきとめるのは難しい。それでもやはり，心理学研究の最終目的は因果関係の解明にあり，それに向けた努力が必要である。なぜなら，因果関係が特定できれば，私たちは現実を変える試みに着手することができるからである。たとえば，いくつかの学習方法を試して成績データを収集した結果から，ある特定の学習方法が他に比べて成績の向上につながるという因果関係が特定できれば，以降はより高い学習効果を得るためにその学習方法を採用する，という方針が立てられる。つまり，因果関係を知ることによってある現象の原因が特

定できれば，単に知識としてそれを得るだけではなく，原因をコントロールすることでよりよい結果を導き出せるようになるのである。これは同時に，存在しない因果関係を誤って同定したり，本来は存在する因果関係を見落としたりしてしまうことの罪の重さも示している。真実の追究に唯一無二の方法はないが，だからこそ，研究者には創意工夫を凝らす必要があり，またその余地が残されているともいえる。

4節　さまざまな変数

　最後に，データについて語る際の用語についてその定義を説明する。一般に，個人や状況によって値が変わりうるもののことを**変数**（variable）という。心理学研究で測定・収集されるデータは，こうした変数に関するものである。

　心理学研究，特に実験では，ある行動を引き起こす効果をもつ原因を特定して，その程度を研究者が組織的に変化させたうえで，結果にあたる変数を測定する。そして，両者の因果関係の有無や程度を明らかにすることを試みる。このように，変数同士の因果関係が特定可能な，あるいはおそらくそうだろうと推測される場合に，原因だと考えられる変数のことを**独立変数**（independent variable）といい，結果にあたると考えられる変数のことを**従属変数**（dependent variable）という。独立変数を組織的に変化させることを**操作**（manipulation）という。

　厳密にいえば，独立変数と従属変数という用語は，実験のように因果関係を特定しうる環境下で扱う変数にのみ当てはめるべきものである。1回かぎりの調査のように変数間の因果関係を特定できる手がかりが十分にない場合や，観察や複数時点で実施する調査のように原因を研究者が操作しているわけではない場合に，こうした用語を用いるのはあまりふさわしくない。この点について正確を期して，原因だと推定される変数に予測変数，結果だと推定される変数に基準変数という用語を採用する入門書（たとえば，高野・岡，2017）もある。しかし実際には，こうした場合にも独立変数と従属変数という用語が援用されていることのほうが多い。

実験で得られる結果は，実は数多くの要因に影響されている。そのため，研究者が想定した独立変数とは無関係の別の要因の影響でも変化してしまうことがある。ゆえに，ある特定の因果関係を推定するためには，それ以外の因果的説明を排除する必要がある。たとえば，新しく考案した学習方法を評価する際に，ある小学校のA組の子どもたちにはこの学習方法で，B組の子どもたちには従来の学習方法で勉強させたら，A組のほうが事後のテストの点数が高かったとする。これだけで新しい学習方法に学力向上の効果があったと見なすのは性急で，ひょっとするとそもそもA組のほうに頭の良い子どもが多くいたのかもしれない。この場合の「そもそもの頭の良さ」のように，従属変数になんらかの影響を及ぼすことが想定されるが，操作していない（することができない）変数のことを**剰余変数**と呼ぶ。第三変数，干渉変数，調整変数，二次的変数，交絡変数，共変数（共変量）といった名称で呼ばれることもある。従属変数に影響をもつ変数として関心の対象としている独立変数と，そうではないが影響をもつ可能性のある剰余変数。この両者がきちんと分離できていないと，剰余変数の影響も従属変数に反映されてしまうために，従属変数に見られる違いや変化が，独立変数と剰余変数のどちらの効果なのかがよくわからなくなってしまう。こうした問題を**交絡（confound）**という。

表2-3　さまざまな剰余変数（宮谷・坂田，2009より作成）

外的変化	研究期間中やその直前に起きた，独立変数とは無関係の出来事
内的変化	成熟や疲労，飽きなど，時間経過に伴う参加者の生物学的・心理学的変化
テスト効果	測定を受けるという体験によって参加者に生じる，手続きへの慣れなどの変化
道具の変化	従属変数を測定する道具に起因する測定値の変動（計測機器が不安定なために生じる測定誤差や，練習・慣れなどによる観察者の判断基準の変化など）
統計的回帰	1回めの測定で極端な値を示した参加者が，2回めはより平均的な値を示す確率が高い傾向（平均への回帰）の存在
参加者の選定	条件間で参加者の特徴が異なること
データの欠落	参加者の脱落によって，研究当初に確保したはずの条件間の参加者の等質性が失われること
実験者効果	実験者の特性やふるまいなど
参加者効果	参加者自身が「研究に参加している」ことを意識すること
系列効果	複数の条件を実施する順序など，先行する経験が後続の反応に影響を与えること

日常生活には無数の変数があり，常に互いに影響を及ぼし合っている。心理学研究はそのうちの特定の変数に注目し，それらの関連性を解きほぐしていこうとする行為だから，注目した変数以外はみな剰余変数である。宮谷と坂田（2009）は，多くの心理学研究で考慮すべき剰余変数を表2-3のとおりまとめている。先にあげた学習方法の評価の例では，「参加者の選定」に際する剰余変数として研究開始時点での子どもの学力レベルが存在していて，そこにあったA組とB組の差異が従属変数に影響していた可能性がある。また「道具の変化」については第2節で述べた誤差の問題と関連が深い。実験者効果と参加者効果については第5章で詳しく解説する。

　剰余変数の効果が独立変数の効果と混同されることを防ぐためには，剰余変数についても同時に測定してその影響を事後的に取り除く，当初から比較する群間で値に違いがないように調整する，あるいは独立変数と一緒に変化してしまわないようにするなど，なんらかの手立てを検討すべきである。これを**統制 (control)** という。たとえば学習方法の評価の例であれば，事前に学力検査をして「そもそもの頭の良さ」に関するデータを得ておけば，A組とB組に差がないことを確認しておく，クラスごとに学習方法を固定しなくてよい状況であれば学力検査の成績が異ならない2群を別途設定してそれぞれにいずれか一方の学習方法を適用する，事後の統計分析時に頭の良さの影響を加味できるような分析モデルを用いる，といった統制を行なうことが可能になる。あらゆる剰余変数を想定，あるいは事後に検出してそれを統制することは困難だが，先のリストを参考にして，できるかぎり統制する努力をすべきである。ただしその結果として「あえて積極的に統制はしない」という結論にいたることもありうる。

研究の準備：先行研究の探し方

　あらゆる科学研究は，過去の研究の蓄積の上に新たな知識を積み重ねていくことで発展してきた。心理学も同様である。いかなる研究者も，新たな研究に着手する際は，その領域で過去に蓄積されてきた知見を俯瞰し，特に注目すべき点は丁寧に精査して，すでに明らかにされていることとそうでないことを明らかにし，そのギャップを埋めるためにはどんな研究をどのように実施すべきかを考えることが出発点となる。それこそがあなたが追究すべき問題，すなわち**リサーチ・クエスチョン**（以下 RQ）である。

　本章では，研究すべき問題を研究できる RQ に練り上げて行く際にどのようなことに留意すればよいのか，特にその際に最も重要な作業として，過去に蓄積されてきた知見を探す際に心がけるべきことと具体的なハウツーについて解説する。

1 節　リサーチ・クエスチョン

　心理学など社会科学は，社会や人間から学ぶ学問であり，社会現象や人間行動を予断や偏見をもたずに観察することこそが問題発見にとって重要である。研究課題はいたるところに転がっていて，日常生活の中で目にしたことや見

聞きしたものについてふと抱いた疑問が優れた研究結果につながることも少なくない。しかしこうした状況は，時にかえってリサーチ・クエスチョン（RQ）発見に困難さを感じることにもつながるらしい。学生からよく「どうやって研究テーマを見つければよいのですか」という質問を受けるが，リードに記したようなことしか答えようがないので，不得要領な顔をされることが多い。しかし，RQはこう設定しなければならない，というルールはないので，まずは興味をもてる対象を発見して，そこから細分化した研究課題を導き出していくことになる。

興味をもてる対象を「そのまま」現実に着手可能な研究課題にできることはあまり多くない。一生かかっても答えが見つからないかもしれないくらい壮大なRQは，たとえば卒業論文のテーマにはあまりふさわしくないかもしれない（むしろ小さな（と思われる）テーマにも意外な面白みがあることも多い）。また，さまざまな現実問題もある。たとえば，研究に割くことができるコスト（時間や費用），倫理的問題，そして，研究者自身の経験や知識の限界などがそれである。「制約がある」と言ってしまうとつまらないかもしれないが，余計な枝葉を切り落としてRQをミニマムかつ核心をついたものに練り上げていくのだと考えれば面白くもなろうし，何より必要な作業である。

2節　巨人の肩の上に立つということ

研究とは，人が行なう文化的活動の一つである。人は，さまざまな情報源——古くは伝承，そして書籍，新聞やテレビなどのマスメディア，現代においてはインターネット——から情報を獲得し，それを知識として蓄積していく。それだけでは飽き足らず，自ら未知の領域に踏み込んで新たな経験と知識を獲得し，それを情報として発信しようとする。そうした行為の一つが研究である。特に科学研究は，たとえそのきっかけが個人のふとした疑問であろうとも，成果として得られた情報は，それまでに蓄積された膨大な知識と矛盾しないかどうかを比較され，新たな知識として付加するに値するものであるかどうか，検証の目にさらされることになる。個々の研究は，科学という，人類が築き上げ

てきた知識体系のピラミッドを構成する1ピースの石である。しっかりとした基盤の上に，しっかりとした石を積み上げることが求められる。ニュートンが知人に宛てた書簡に記したフレーズ，

If I have seen further it is by standing on the shoulders of Giants.
（私がより遠くを眺めることができているとすれば，それは巨人の肩の上に立っていることによるものです）

でよく知られるとおり，こうした行為はよく「巨人の肩の上に立つ」という言葉で語られる。では，どうすれば巨人の肩によじ登れるのだろうか。

3 節　先行研究レビューの意義

　巨人（あるいはピラミッド）を構成しているのはこれまでの科学研究，すなわち数多の先行研究である。もちろん常に成長して（あるいはどんどん積み上がって）いる。これを登っていく行為のことを「レビュー（review）」という。レビューとは，これから追究しようとする研究テーマに関する先行研究についての文献を探索し，それらを網羅的にまとめ，当該テーマについての研究の動向を知り，行く先を展望することを指す。先行研究レビューは，以下の3つの点で重要である。

　まず，研究テーマにおいて何が問題となってきたかが明確となり，そこで培われてきた知識体系になじむことができる。そして，どのように知識が培われてきたかを知ることによって，自分が着手しようとしている研究がその知識体系の中でどのような位置づけになるのか，つまり，先行研究とどのような関連性をもつのかを把握すること

巨人の肩に乗る

ができる。このことは，研究に一定の方向性を与えてくれる。さらに，先行研究で得られた結果は画一的でないことがほとんどであり，それを知ることも重要である。つまり，どのような点についてはすでに同意が得られていて，どのような点ではそれがまだ得られていないのかを知ることによって，まだ残されている課題を発見することができる。このことは，「車輪の再発明」という喩えでよく語られる，広く受け入れられすでに確立された知識を知らずに，同様のものを再び一からつくるような無駄な労力の浪費を防ぐことができ，新しいアイデアの創造に多くの力を注ぐことができるようになる。

4 節　先行研究の収集法：概論

　では先行研究はどのように集めればよいだろうか。研究テーマによらず，あるいは学生だろうが職業研究者だろうが，以下が基本的なプロセスである。

1　基本文献を決める

　研究テーマに関連する文献を探すためには，まずは糸口をつかむこと，つまり基本となる文献を発見するのが何より肝心である。まずはそのテーマについて記述のあるテキストや事典類が参考になる。いずれも当該テーマについて数多くの参考文献に基づいた凝縮された記述があることが期待できる。どのような資料が参考になるかは，参考文献リストの充実度で判断するのがよいだろう。その点で，印刷版のものだけではなく，Wikipedia に代表されるような Web 上の資料も参考になりうる。ただし Wikipedia はオープンソース，つまり専門性などを問わず誰でも記事の作成や編集ができる事典であるため，未完成の項目や不正確な情報を含む記事が少なくないし，頻繁に書き換えられる場合もあって内容は安定していない。その他の Web サイトでテキストや用語集を謳うものも，多数の利用者による集合知ではなく個人の労作であるかもしれないが，情報の信頼性については鵜呑みにしないほうがよい。もちろん嘘や虚偽ばかりだと言いたいわけではないが，利用する際には内容が正確かどうかを別途確認する手続きが必須で，確認のための手がかりはやはり当該記事に明記され

た参考文献リストである。なお，印刷版の資料でも，巷の「入門書」とされるものの中には一切の参考文献が示されていないものもある。こうした書籍は，読みやすいかもしれないが，興味をもてる対象の発見のためならばまだしも，少なくともRQの練り上げには最も向いていない。つまり，ある資料がこうした作業をする際にそれなりに信頼に耐えうるものかどうかを知る最も簡便な手法は，参考文献リストがあるかどうか，そしてその内容が充実しているかどうかを確認することである。

　基本文献は，なるべく新しいもののほうがよい。なぜならそれが後述する「芋づる」の端緒となるからである。出発点から「その文献を引用しているより新しい文献（被引用文献）を探す」ことは不可能ではないが，「その文献が引用している文献を探す」よりは困難な作業になる。研究は「巨人の肩によじ登る」行為であることを考えれば，あなたがそうしようとしているのと同様に，先行研究にもそのプロセスがきちんと書かれているはずだから，あなたはそれをたどればよいのである。

2　芋づる式に関連文献を探す

　基本文献が見つかれば，次は「芋づる式」に関連する論文をたどっていく作業を進めることができる。前述したとおり，基本文献の引用文献と被引用文献の両方が，その候補となる。引用文献は基本文献にリストアップされているから探しやすいが，被引用文献については基本文献に手がかりがないの

図3-1　Google Scholar トップ画面

図 3-2　Google Scholar での被引用文献の探し方

で外部資源に頼ることになる。2017 年現在で最も利便性が高いのは Google Scholar（https://scholar.google.co.jp/）である（図 3-1）。トップページに「巨人の肩の上に立つ」と書かれているのが象徴的である。図 3-2 は，'Culture and the self: Implications for cognition, emotion, and motivation'（Markus & Kitayama, 1991）を検索した結果だが，「引用元」に被引用文献が 16,183 件あることが示されている。ここをクリックするとそのリストを参照することができる。

3　図書館や Web で関連文献を探す

　もちろん基本文献「だけ」に限って作業を進めなければならないと言っているわけではない。似たテーマの論文に目を通すことも，新たな発見をもたらす可能性がある。

　基本文献が書籍なのであれば，図書館に借りに出かけたついでに書棚の周辺に置かれている書籍を手に取ってみるとよい。図書館の書籍は日本十進分類法（NDC）に基づいて分類記号が振られ，その順番に配架されているので，近くにある書籍には基本文献と関連する内容が含まれている可能性が高い。

　基本文献が学術雑誌に掲載された論文なのであれば，同じ雑誌に掲載されている他の論文に目を通してみるとよい。詳しくは後述するが，現在はインターネットで参照できる電子ジャーナルが充実している。ただし，学術雑誌は，有償の契約制のものが多いため，自分が利用可能な図書館の契約内容に応じて閲覧できる範囲に制約がかかるのが現状であるが，以前と比べるとオープンアク

セス（誰でも無料で論文が閲覧・ダウンロードできる）のものが増えている。

　こうしたサイクルをある程度繰り返すと，だいたいその研究テーマの世界が見えてくる気がするものである。気がする，と書いたとおり，本当にその世界を見渡せるようになるわけではない。というより，どういう状態であれば見渡せたといえるのかは誰にもわからない。いくら網羅的にと心がけても見落としはありえるし，科学の世界は日進月歩なので日々新しい研究成果が生み出されてもいる。ずっと先行研究を探し続けていると自分にはもう何もできることがないような気がして研究に着手できなくなることもあるので，どこかで区切りをつけて次のステップに進もう。ただし，その後の過程で定説と異なる結果や新たな（と思える）知見が得られた際は，再度関連する文献を探し直して比較検討の材料とするよう心がけたい。

4　論文に「目を通す」ということ

　先ほどから，論文に「目を通す」という表現を何度か使った。「読む」とは書かずにわざわざ「目を通す」としたことにはそれなりの意味がある。つまりここでは「手に入れた論文すべてについて隅から隅までを精読せよ」と言っているわけではない。かといってタイトルだけチラ見すればよいと言っているわけでもない。まずは重要な情報を拾い読みせよ，と言っている。

　ではどこを拾い読みすればよいかというと，論文はおおむねどれも同じ構成をしている（詳しくは第 11 章で解説している）ので，特定の箇所に目をつければよい。まず表題に続いて要約を読み，研究の概略を把握する。しかし要約は紙幅の節約のために抽象的な表現が多く，それだけでは具体的に何をしたのかがわかりにくいこともある。そこで次に目をやるのは結果に言及している部分に記載されている図表（特にグラフ）である。結果の中でも特にアピールしたいものを図表にすることが多いためである。そして仮説を確認する。これは「問題と目的（序論）」の最後のほうにまとめられていることが多い。仮説を理解してから結果を確認するほうが「正統」かもしれないが，初学者や，そうでなくてもまだ全体の様相がつかみきれていない研究テーマについて知るときは，得られた事実から遡及的に仮説が想定する範囲を把握するほうが，少なくとも「目を通す」段階では効率的だと思われる。

こうして拾い読みした論文のうち，これはじっくり読むべきだと思った論文は，改めて本腰を入れて精読する。精読の方法については小牧（2015）などが参考になる。ただし，一度そのフィルタにかからなかった論文も，必ず保存しておくだけではなく，自分なりの要約やコメントなどをメモとして残しておくことが重要である。いったんは不要だと思っても，いつまたそれに立ち戻ることがあるかもしれない。人の記憶力は案外あてにならないものなので，自分自身の論文を書く際に「もう一度最初からやり直し」にならないよう，自分なりの情報アクセスログをとっておくようにしよう。詳しくは後述するが，論文の電子化が着々と進んでいるので，紙媒体から一本ずつ論文をコピーしていた昔日と比べると，今は PDF ファイルをどんどんダウンロードできるので，あっという間に山のように情報は集まる。だからこそ，かえって分類・整理をこまめにするよう心がけてほしい。

5 節　心理学の研究論文に触れる

　本節ではもう少し具体的に，先行研究の探し方のハウツーについて，特に初心者には書籍を探すよりも敷居が高いと思われる，学術雑誌に掲載されている論文に焦点を当てて解説する。
　心理学の研究論文の多くは，学協会が刊行する学術雑誌（多くは『＊＊心理学研究』という名前がついている）か，大学や学部・学科など諸研究機関が刊行する学術雑誌（多くは『＊＊紀要』という名前がついている）に掲載されている。前者は研究者仲間や同分野の専門家による評価・検証（査読）を経ていることがほとんどだが，後者はそれがない場合がほとんどなので，前者に質の高い論文が掲載されていると考えるほうがよい。ただし，これはあくまで日本で刊行されているものの場合である。国際的な学術雑誌は，刊行母体が学協会ではないものも数多くある。たとえば 'Science' はアメリカ科学振興協会（American Association for the Advancement of Science：AAAS）を母体として刊行されているが，'Nature' は特に母体となる学協会をもたず，Nature Publishing Group により刊行されている。

こうした学術雑誌は，以前は紙媒体のみで提供されていた。その後，インターネットの普及に伴い，紙媒体を電子化し，両方で入手可能にするサービスが広まった。そして近年は電子ジャーナル，つまり Web 上で PDF ファイルや html 形式で論文が提供されるサービスが普及している。「ボーンデジタル」すなわち紙媒体を刊行しない雑誌も増えてきつつある。電子ジャーナルの代表的なプラットフォームには **J-STAGE**（https://www.jstage.jst.go.jp/browse/-char/ja/）や**メディカルオンライン**（http://www.medicalonline.jp/）がある。論文の要約はもちろん，本文も無料で入手することができる場合も多い（図3-3）。日本の心理学系の雑誌で紙媒体を廃止した雑誌は 2017 年 4 月現在まだないが，冊子体より電子ジャーナルで情報発信が早い，つまり電子ジャーナルで冊子体に先立って掲載予定論文を Web 上で公開（早期公開）している雑誌はいくつかあり，今後増加することが見込まれる（表 3-1）。また，紙媒体と電子ジャーナルの過渡期に「紙媒体で刊行された学術雑誌を電子化して提供する」サービスを集約していたのが国立情報学研究所の運用していた電子図書館事業

図 3-3　J-STAGE 上の「心理学研究」電子ジャーナル

表 3-1　電子ジャーナルで「早期公開」を導入している心理学系の雑誌（2017 年 3 月現在）

心理学研究（日本心理学会）
基礎心理学研究（日本基礎心理学会）
社会心理学研究（日本社会心理学会）
実験社会心理学研究（日本グループ・ダイナミックス学会）
スポーツ心理学研究（日本スポーツ心理学会）
生理心理学と精神生理学（日本生理心理学会）
動物心理学研究（日本動物心理学会）

図 3-4　CiNii で参照できる論文書誌情報

（NII-ELS）で，これと連動したデータベースサービス **CiNii Articles**（http://ci.nii.ac.jp/）も，過去に刊行された論文を探す手がかりとしては有用である（図3-4）。ただし 2017 年 3 月末までで NII-ELS は事業を終了したため，書誌情報の検索・参照が主たるサービスとなり，他サービスで提供されている論文 PDF については提供元へのリンクが示されるのみとなった。

　これらのサービスは心理学に限らずあらゆる学術雑誌に関する情報提供を目的としているので，あまりにも網羅的すぎて，すでに論文誌にあたりがついているとか，調べたいキーワードが決まっている，というのでなければかえっ

て探しにくいと感じるかもしれない。まず心理学分野ではどんな学術雑誌が刊行されているのかが知りたいのだ，という場合は，オンラインで本文入手可能な心理学関係の学術雑誌がまとめられた「心ポ（心理学ポータル）」（http://www27.atwiki.jp/simpo/pages/23.html）のコンテンツ（図 3-5）や「Web 上で入手可能な心理学論文誌」（http://nawatakengo.web.fc2.com/web_journal.htm）などが役に立つ。これらのサイトは，いずれも個人が運営しているが，学術雑誌以外にも心理学の研究・教育に関する情報が充実している。

　なお，ここで紹介したのは日本で刊行されている（雑誌名が日本語の）学術雑誌が中心で，こうした雑誌の掲載論文のほとんどは日本語で書かれている。しかし特に近年では，日本人研究者の活躍の場も国際的に広がっていて，日本人研究者による研究であっても，国際的な論文誌に英語論文として掲載されることも多くなっている。特に心理学が欧米を中心に発展してきた研究分野だという事情もあるが，やはり学問における共通語は英語である。日本語論文の読

図 3-5　心ポ（心理学ポータル）のオンラインジャーナルへのリンク集

者はほぼ日本人に限られてしまうから,「これぞ」という自信のある研究は,日本語話者であっても英語で論文を書いて国際的に評価の高い雑誌に掲載されることを目指す。そうすることで,より多くの読者を獲得することができるからである。この傾向は,臨床や教育,社会といった日本に特有の社会問題と関連の深い応用分野よりも,知覚や生理,認知といった基礎分野において顕著である。英語で書かれているからとひるむことなく,研究テーマについて深く知るためには必須だと考え,語学としての勉強も兼ねてぜひ挑戦していただきたい。国際誌の論文を探すには前述のGoogle Scholarが便利である(図3-6:'mental rotation(心的回転)'の検索結果)。キーワードのほかに,刊行された期間で絞り込むこともできる。また,研究機関によってはアメリカ心理学会の刊行する学術誌の論文データベース**PsycARTICLES**や,さらに範囲を広げた行動科学・社会科学研究の総合的データベース**PsycINFO**など,オンラインで提供される有料サービスと契約しており,利用可能な場合もある。これらのサービスは心理学論文に特化している点で,Google Scholarよりも探索対象を絞り込みやすいので,もし導入されていれば積極的に活用したい。

図 3-6　Google Scholar を利用した論文検索

6節　心理学の研究テーマを知る

　自らのRQを発見し，絞り込もうとするとき，世の心理学者たちがどのようなRQに取り組んでいるのかを知ることも参考になるかもしれない。論文はすでに行なわれた研究成果をまとめたものであるから，ある意味で「過去のもの」である。今まさに進行中の研究にはどのようなものがあるかを知りたい場合には**KAKEN（科学研究費助成事業データベース）**（https://kaken.nii.ac.jp/）が有用である。科学研究費助成事業とは，文部科学省と日本学術振興会が提供する研究資金によって行なわれている研究のことで，学術的に注目を集めていたり社会的必要性の高い研究テーマが採択されることが多いので，ざっと眺めてみるだけでも心理学の研究トレンドを知ることができる。図3-7は，KAKENデータベースで2016年度に開始された「心理学」分野の研究課題を検索した結果を，研究資金の配分額が多い順に並べ替えたものである。配分額の大きな研究プロジェクトは，Webサイトなどを通じて積極的な情報発信をしていることが多いので，さらに詳細な情報を知ることもそう難しくはないだろう。

7節　さあ，歩きはじめよう

　本章では，やや漠然とした研究テーマからスタートして，心理学研究として追究すべきリサーチ・クエスチョン（RQ）を練り上げていく際にどのようなことに留意すればよいのか，特にその際に最も重要な作業として，過去に刊行された先行研究を探す際に心がけるべきことと具体的なハウツーについて解説した。巨人の肩という未踏峰によじ登るための心構えと適切な準備が必要であること，しかしとりあえず歩きはじめてみることも重要なこと，何よりその2つを伝えたい。
　そしてもう一つ重要なことは，先行研究はあなたの研究にとってのルールブックや教科書ではないということである。本章頭書で述べたとおり，何のために先行研究を探索するかといえば，「すでに明らかにされていることとそう

図 3-7　KAKEN データベース

でないことを明らかにし，そのギャップを埋めるためにはどんな研究をどのように実施すべきかを考える」ためなのである。先行研究の内容そのままを受動

的に受け入れるのは，論文の本来的な読み方ではない。巨人の手でその肩に乗せてもらうのではなく，自分の力でよじ登るのだから，論文は，研究者が，自らの知識や経験を土台にそれと対峙し，批判的にかかわっていくべき対象である。当然，その内容に同意できないこともあるだろうし，その主張に納得して，自らの知識体系を修正せざるをえなくなることもあるだろう。また，先行研究間で同じ対象に関する見解が相違することもあるだろう。いずれにせよ，先行研究と積極的にかかわることが重要で，そこから深く思索をめぐらせ，新たな RQ を提起することができてこそ，高みからより遠くを眺めることができていることになる。

　また，特に研究初心者にとって，先行研究を丁寧に探索し，優れた論文を数多く読み込むことは，論文を書く力もつけてくれる。なぜなら，優れた論文は，研究内容はもちろん論文作法についても優れている場合が多く，バンデューラの社会的学習理論（第 1 章参照）から考えれば，それは論文を書くためのスキル向上にもつながるからである。心理学の学習カリキュラムには「実験実習」がほぼ必ずあり，与えられたテーマについて与えられた方法で分析し，決められた体裁でレポートを書く訓練を積むことはできる。それと研究が本質的に異なるのは，RQ を自ら探索・設定するかどうかである。論文では，なぜあるテーマで研究をするのか，それがどういう点で研究するにふさわしいのか，得られた結果は綿々と続く研究の流れにどう位置づけられるのかを論ずることが必要で，そのスキルは実習で与えられた課題をこなしている程度では残念ながら身につかない。RQ 設定の際にどれだけ奮闘するかが，論文のクオリティを単なる「実習レポートに毛が生えたようなもの」ではないものへと高めてくれるだろう。

　少し長くなるが，本章は心理学研究の目指すべきところを端的に示した，鮫島（2016）の引用でしめくくりたい。

> 「そもそも，科学というのは，なにか唯一無二の「真実」を「発見」することではなく，人が自然を理解するために世界の見方やモデルを仮説として構築・提案し，その証拠を様々なアプローチで検証・更新するというプロセスのことではなかったか。近年では，一つの論文が発表される毎に

「〜が発見された」や「世界で初めて〜であることを証明した」等とプレスリリースされる。このような報道に違和感を抱く一つの原因は，一つの論文が出版されればある科学的な「真実」が「証明」されるという間違った科学観にあるのではないだろうか。一つの実験で得られるデータの取得手段，解析手段，その結果からの結論への論理を，後世に伝え，批判や検証にさらされるために論文を出版する。こういった科学のプロセスを正しく理解し，巨人の肩によじ上ることが重要であると考える。」

卒業論文のためのものであろうと，プロの研究者によるものであろうと，それが科学的取り組みである以上，研究の根本は同じである。

第 2 部

心を「測定する」ということ

　第 2 部では，心理学とは，あるいは研究とは何か，という知識を活かして，実際に心理学研究に着手する際のハウツーを述べる。どんな研究法を用いるのであれ，皆さんがするのは「心を「測定する」」という行為である。どのように測定し，測定されたものをどのように処理するかについて，ポイントを押さえながら解説する。

第4章

研究の基礎:研究法概説

　研究のリサーチ・クエスチョン（RQ）が明確になれば，次の課題は，それをどのように研究すれば目的が達成できるのかであり，具体的な計画を立てる必要がある。そのためにはまず，どのような研究法を用いるかを選択することになる。

　本章では，心理学研究で用いられる4つの代表的な手法について概説する。いずれの手法も，究極の目的は「心のはたらき」の法則性を科学的に探究することにあり，研究テーマがどのような心のはたらきにアプローチするものかによって手法を選ぶ必要がある。適切な選択をするためには，それぞれの基本的コンセプトと特徴，特に利点と限界についてよく知っておかなければならない。序章でも述べたとおり，複数の手法を併用することもよくある。それにより互いの利点を活かし，限界を補い合うことが期待できるからである。本書を第1巻とする「心理学ベーシック」シリーズでは，第2巻以降で各手法が事例を伴って解説されるので，より詳細な情報や具体的なハウツーについてはそちらを参照していただきたい。

1節　実験法

1　実験とは

　実験法は，近代心理学の創始以来，心理学の中心的な研究法であり続けており，「科学的な実証」を最もよく表わした方法である。実験法の特徴は，実験条件を設定し，それを操作することによって行動の原因を明らかにするところにある。たとえば，第1章で紹介したヴントの内観法による研究では，メトロノームの速度を操作する，つまり異なる速度の音を聞かせることによって，それぞれに対してもつ印象がどのように異なるかを考察していた。ある行動を引き起こす効果をもつ要因（独立変数）を特定して，その程度を組織的に変化させることで，要因の程度と結果として生じる行動（従属変数）の程度の間の因果関係を明らかにすることができる。と書くのは簡単だが，第2章で述べたとおり，当然ながら人間や動物の行動には多種多様な要因が影響しうるので，ある要因を特定してその効果を検証するためには，その他の要因となりうるもの（剰余変数）がもたらす影響を統制する必要がある。しかし，要因を統制することは日常的な状況ではほとんど不可能なので，「実験をするためだけの非日常的空間」として実験室を設置することになる。

　実験は，対象者を少なくとも2つのグループ（群）に分けてデータを収集する。その際，特に理由がなければどちらのグループに分けるかはランダム（無作為）とする。一方のグループには実験操作が施される。**操作 (manipulation)**とは，研究者の側で条件を設定して，それが実現できる状況をつくり出すことである。これを**実験群**（あるいは処置群）と呼ぶ。もう一方のグループには実験操作を施さない。これを**統制群**（あるいは対照群）と呼ぶ。統制群を設定し，実験群と比較するという手続きが非常に重要である。そうしなければ，「操作を施す」ことそのものがもつ効果を検証できないからである。操作にはいくつかの水準がありえるし，効果を検証する要因は1つとは限らない。たとえば図4-1は，自尊心に成功／失敗のフィードバックが与える影響を検証するために，知能検査と称する数種類の問題に取り組ませた後に成績について良い／悪いの評価を伝え（成功／失敗のフィードバックをし），対象者の自尊心を測定して，

図 4-1　成功／失敗フィードバックが自尊心に与える影響に関する実験例

課題に取り組む前の得点と比較する，という流れの実験例である。この例は操作されている要因は1つで，その水準が3つある。対象者の課題の取り組み方によらず，受験後に伝える内容は水準ごとに同一のシナリオを用いる。仮説は，良い成績だったという成功のフィードバックは自尊心を向上させ，失敗は低下させるというものだが，これを実証するためには，ただ単に両グループの変化量を比較するだけでは不十分である。受験後になんらかの説明は受けるが，その内容が成功／失敗とは無関係な統制群の自尊心の変化量との比較が必要である。統制群よりも向上／低下していなければ，その自尊心の変化をフィードバック内容の違いだけでは説明できないからである。

どのような要因をどのように組み合わせるか，つまり実験計画をきちんと立てることが実験法による研究の成否を決めるし，事後の統計分析方法も計画に応じて決まる。効果的かつ無理のない実験環境を人為的につくり出すのは難しい作業で，本格的なデータ収集までに何度も予備実験を繰り返すこともよくある。しかし，そうした試行錯誤こそが，研究テーマへの理解をいっそう深めることにもつながる。志水（2016）は，日常生活でよく経験する「心の働きの不思議」に実験的にアプローチし，そこにある法則性を導き出すプロセスについて，2016年に「イグノーベル賞」を受賞した「光学的・身体的変換視野の効果（股のぞき効果）」（Higashiyama & Adachi, 2006）を例にとって平易かつ端的に解説している。誰でもアクセスできるWeb記事なので，是非一読をすすめたい。

2 実験の利点と限界

心理学研究において実験を用いることの利点は，研究者の関心の対象とする要因の操作（とその程度）とその結果としての対象者の行動との因果関係について，対象としない要因を統制した実験室環境において，明確なデータを収集することができることにつきる。しかし，どんな要因でも実験室環境なら操作できるというわけではない。たとえば，流行やうわさ，あるいはマスメディアの報道などは，人間行動に大きな影響を与えるが，実験室では操作できない。倫理的に問題のある，たとえば対象者に強いストレスを与えたり反社会的だったりする操作も行なってはならない。

また，実験室はあくまで実験室であり，日常生活とは条件が異なっているので，そのこと自体が対象者の行動に影響を与え，結果を歪めるという懸念は捨てられない。慣れない環境に緊張したり，「実験に参加するのだから」と構えたりする人もいるだろう。後者の構えは**要求特性（demand characteristics）**によってつくり出されることがあるので注意が必要である。また実験者のほうも「実験を実施するのだから」という構えと無縁ではない。これを**実験者効果（experimenter effect）**という。さまざまな要求特性および実験者効果とそれへの対処については第5章で詳述する。

実験による研究成果の価値を決める最大のポイントは，それが2つの**妥当性**を有しているかどうかである。妥当性の概説は第2章を参照してほしい。まずは**内的妥当性（internal validity）**で，これは実験手続きにおいて，操作と統制が確かにできており，因果関係が確かにそこにあるといえるかどうかのことである。この観点から見て批判の余地があったり，疑念を差し挟むことができてしまうようだと，因果関係の解明という実験の目的そのものが達成されていないことになる。先ほど述べた実験者効果は，内的妥当性を崩す要因の一つである。

実験法については本シリーズ第2巻で詳しく取り上げる（佐藤暢哉・小川洋和編）

加えて，その実験で認められた因果関係がどの程度一般化できるのかという**外的妥当性（external validity）**も重要である。ある実験で見いだされた因果関係が，その実験で対象とした以外の集団にも，その実験で取り上げた状況を越えて，あるいはその実験が実施された時点を越えて将来にわたっても，それぞれ生じうるのかという問題である。2つの妥当性のうち，どちらがより重要かといえば内的妥当性であり，それが成り立つという基盤に立って初めて外的妥当性を議論することに価値が生まれる。

2 節　調査法

1　調査とは

　調査法は，心理学研究法の中でおそらく一般に最もなじみ深いものである。多くの人が参加（回答）者となった経験があるだろう。何かのイベントに参加した際に「来場者アンケート」用紙への回答を求められたり，国政選挙中に投票に行く意思があるかどうかや投票先を決めているかどうかを問う電話があったり，授業中に「大学生のライフスタイルに関する卒業論文を作成するので，調査にご協力ください」と調査票が配布されたり，はては，インターネット上には「性格診断」ができると謳うWebサイトがあふれている。日本で最も大規模な調査は，総務省が日本居住者全員を対象として5年に1度実施する「国勢調査」で，1920年以来の長い歴史をもつ。調査とは，対象者に言葉を用いて問いかけることで回答を得る研究法である。質問項目をまとめたものを**調査票（questionnaire）**あるいは**質問紙**という（図4-2）。

　調査においては，図4-2の問2のように複数の質問項目群を協力者に示して回答を求めることがよくある（まれに問1のように単一項目の場合もある）。こうした項目群を，それをどのように得点化するかのルールを含めて**心理尺度**（あるいは，単に**尺度（scale）**）という。問2は，個人の政治的無力感（自分や自分と同じような社会の人々の行動は政治にほとんど影響を与えることができないだろうという認識）という心理的概念を測定するもので，4項目それぞれに「そう思わない」から「そう思う」の4つ選択肢が用意されており，1か

```
┌─────────────────────────────────────────────────────────────┐
│              政治や社会の問題についてお聞きします。              │
├─────────────────────────────────────────────────────────────┤
│ 問1. 選挙のある，なしにかかわらず，いつも政治に関心をもっている人もいますし，そんなに
│      関心をもっていない人もいます。あなたは政治上の出来事に，どれくらい注意を払ってい
│      ますか。最も当てはまる番号1つに○をつけてください。
│
│         1. まったく注意を払っていない      2. あまり注意を払っていない
│         2. 時々注意を払っている            4. いつも注意を払っている
│
│ 問2. あなたにとって政治とはどのようなものかについてお聞きします。以下の文章について，
│      あなたのお考えに最も近い番号を1つずつ選んで○をつけてください。
│
│                                    そう      あまりそう    やや
│                                    思わない    思わない    そう思う   そう思う
│                                      ↓          ↓         ↓        ↓
│ [1] 選挙では大勢の人が投票するのだから，自
│     分一人くらい投票しなくてもかまわない……  1---------2---------3---------4
│ [2] 自分には政府のすることに対して，それを
│     左右する力はない………………………………  1---------2---------3---------4
│ [3] 政治とか政府とかは，あまりに複雑なので，
│     自分には何をやっているのかよく理解で
│     きないことがある…………………………………  1---------2---------3---------4
│ [4] 国会や地方議会の議員は，おおざっぱに
│     言って，当選したら国民のことを考えなく
│     なる ………………………………………………  1---------2---------3---------4
└─────────────────────────────────────────────────────────────┘
```

図4-2　調査票

ら4の数字がそれぞれに対応している。このうちいずれかの数字を選択して○をつけてもらうという形式で評定を求める。そして，○のついた数字の合計を求めてそれを「政治的無力感」の程度を示す得点だと考える。ここでは，得点の値が大きいほど無力感が高くなるようにしている。問1は政治的関心を問う尺度で，これも点数が高いほど関心が「ある」ことを示すことになる。

　このように段階的に評定を求める方法を**評定法**といい，なんらかの心理的概念の程度を測定する際に多用される方法である。複数の項目を用意して，それらへの評定を足し合わせて得点化することが多いのは，ある心理的概念がどのような行動に立ち現われてくるのかはさまざまで，それらを多面的に測定することが望ましいからである。単一項目だとそのうちの特定の内容に引きずられてしまうバイアスがかかる可能性が大きく，ここで例にあげた政治的関心の

ようにごくシンプルな概念を測定する場合以外にはあまり用いられない。

　調査は，なじみ深い研究法であるだけに，手軽で簡単に実施できるというイメージがあるかもしれない。しかし，だからといって適切なデータを収集するための適切な手続きが簡単だというわけではない。むしろ難しいかもしれない。なぜなら，調査によるデータの収集は，実験のように研究者が回答環境を操作することができないし，収集できるデータはあらかじめ研究者が用意した問いかけに対する回答者による回答のみであり，それ以下ではないがそれ以上の膨大さも仔細さももたないからである。

　特に，複数項目からなる心理尺度を用いる場合，個別の項目間で一貫性があるかどうかは重要である。これが第2章で解説した**信頼性**である。たとえば，政治的無力感の尺度であれば「選挙では大勢の人が投票するのだから，自分一人くらい投票しなくてもかまわない」を「そう思う」と評定した人が，他の3項目についても同じように評定する（それゆえに，合計得点が高くなる）のであれば，尺度の**内的一貫性**（internal consistency）が高く，信頼性は高いと見なすことができる。逆に項目により評定がばらばらだと，測定精度が低く，信頼性は低い。また，感情のように時により大きく変化する可能性のある概念を測定するのでなければ，時間間隔を置いて2回調査をし，得点が同程度であるかどうかという**時間的安定性**（temporal stability）を確認するのも，信頼性を確認するための有力な方法である。

2　調査の利点と限界

　では，調査法を用いるのにふさわしい研究場面はどのようなものだろうか。調査では，実験では実施できないようなテーマを「言葉を用いて問いかける」ことが可能な場合がある。実験では，対象者を特定の環境に置く操作を行なうことによってそこでのふるまいをデータとして得るが，倫理的に問題のある，たとえば対象者に強いストレスを与えたり反社会的だったりする操作をすることはできない。その点，調査であれば，特定の状況を想像させるような教示文を与えることで，そのような場面でどのように行動する「と思う」かをたずねることが可能である。これならば実際に強いストレスに対象者をさらすことなく，実際の行動に近似したデータを得ることができるだろう。このように，

実際に対象者を特定の環境にさらすことがためらわれるような事柄について，あくまで仮想的にではあるが調べられるのは調査法のメリットである。

また，調査では研究対象となる現象が生じるまで，つまり対象者が能動的に何かをするまで待つ必要がない。ただし，調査では言葉を用いた問いかけが必要不可欠だから，対象者が一定の言語理解・運用能力を有することが実施の条件となる。となれば，新生児や乳児を対象としたデータ収集はきわめて困難だ

調査法については本シリーズ第3巻で詳しく取り上げる（大竹恵子編）

し，異文化圏の人々を対象とすることも相当に難しいだろう。後者については，調査票を多言語化することによって対応は不可能ではないが，適切な翻訳ができずに言語間で内容的な差異が生じてしまったり，測定対象そのものに文化的な差異があったりといった剰余変数の影響に細心の注意を払う必要がある。

また，調査では一律の調査票を一度に多数の対象者に配布し，協力を求められることから，相互に比較可能な数量的データを得ることが容易である。これまでは，「質問紙」という用語が示すとおり，質問を紙に印刷した冊子を配布する方法が主流であったが，インターネットの普及により，PCや携帯端末から質問を掲載したWebサイトにアクセスして回答する**オンライン調査**も盛んに行なわれるようになった。

3節　観察法

1　観察とは

観察は，われわれにとってなじみ深い日常的な行為である。研究を目的としなくても，自分が関心をもっている対象（たとえば，「仲良くなりたい」と思っている人物や行ってみたいお店）についてよりよく知りたいと思えば，その対象をよく見て，得られた情報に基づいて対象について熟慮することがあるだろ

う。それこそが観察である。心理学における**観察法**では，実験のように統制された環境ではなく，より自然な状況下で対象（人間や動物）を見て，その心を観察することになる。研究者が対象者の置かれる環境を操作することがない点では調査と似ているが，研究者が対象者に何かを積極的に問いかけることはない。

では，心を観察する，とは具体的にどうすることか。第1章で紹介したヴントの内観法は，対象者が対象者自身の内面に注目してその中身について記述する方法であった。一方で，ここで紹介する観察は，観察者が対象者の外面に注目してその見た目を記録する方法である。つまり対象者について「見えるもの」すべてがその手がかりとなりうる（逆に言うと「見えるもの」しか手がかりにできない）。「見えるもの」とは，大まかに言えば対象者の行動であるが，仔細に言えば動作，発言，表情，あるいは服装などもその範疇に入る。データを収集するためには「見えるもの」を文字や数値などで表現し，記録する必要があるが，あらゆるものを記録するのは不可能である。何をどのように記録するかは，研究テーマに応じて適切に選択する必要がある。

観察において，何をどのように記録するかを事前に決めておく必要があるのは，実験や調査と同様である。場の設定（場に一切の人為的操作を加えない**自然観察**か，ある程度状況を限定することで対象とする行動を出現しやすくさせる**実験的観察法**か），観察者が場にかかわる程度（観察者が場に入り込んで記録する**参与観察法**か，観察していることを対象者に意識させない**非参与観察法**か），記録方法（その場で生じているすべての行動を時間的流れに沿って克明に記録していく**逸話記録法**か，あらかじめ記録対象とする行動をリストアップしておいて生起頻度や持続時間を記録する**行動目録法**か），記録する単位（時間か，事象か，場面か，それとも日単位で日誌をつけるか）など，決めるべきポイントはいくつかある。

2 観察の利点と限界

そもそも観察は「見えるものを見たままに記録する」行為に端を発するので，実験や調査と比較すると素朴な研究手法である。しかし素朴だからこそ記録するのに多大な手間がかかったり，科学的分析に付すための整理作業が膨大に必

要だったりする。そのため，相対的にそのコストが低い実験や調査と比べて行なわれる頻度が少ないのが現状である。では，観察を行なうことの利点は何だろうか。ここでは次の2つをあげる。

まず，現実に即したデータを収集できることがある。実験は要因の操作と統制に力を注ぐことと引き換えに，時として現実から乖離した環境をつくり出してしまいがちである。調査はあくまで対象者の主観的認知を問うものなのでたとえ行動について問うたとしても実際のふるまいと同一ではないこともあるだろう。研究知見を現実世界に適用できる程度のことを**生態学的妥当性**（ecological validity；第5章でも解説する）というが,実験や調査にはつきまとうこの生態学的妥当性の低さが,観察ではあまり問題とならない。

プレイルームでの行動観察：観察法については本シリーズ第4巻で詳しく取り上げる（佐藤 寛編）

また，調査とは違って，対象者が一定の言語理解・運用能力を有することが実施の条件とならない。たとえば新生児や乳幼児に調査への回答を求めることは不可能あるいは困難である。実験室実験の対象とすることも難しいが，観察であれば対象にしうる。上に示したイラストは，プレイルームで遊ぶ幼児をマジックミラー越しに観察しているようすである。

また現在では，さまざまな機器やソフトウェア，あるいは統計手法の発展が，観察データの収集を容易にし，また分析のバリエーションが広がりつつあることにも注目したい。ビデオカメラは小型化の一途をたどっているし，移動を伴うような行動も GPS（全地球測位システム）を用いれば詳細な位置を捕捉することができる。両者ともにスマートフォンのアプリケーションを用いれば，専用機器すら必要としない。また解析ソフトも開発が進んでいるし，テキストマイニング技術の発達により，言語データの分析の幅や分析対象とするデータ量は格段に向上している。技術の発達とともに，分析方法も多様化することが期待される。

4 節　面接法

1　面接とは

　面接法は，面接者（インタビュアー）が対象者と対面して，両者の会話をとおしてデータを収集する手法である。誰か特定の人物について情報を得ようとする際に，最も直接的な方法が本人との会話である。皆さんの多くも，入学試験やアルバイトに応募した際などに面接を受けた経験をもっていることだろう。そこで展開される会話は，単なるおしゃべりではない。入学するのに，あるいは働くのにふさわしい人物を選抜するという一定の目的をもって行なわれている。目的があるのだから，必然的に会話内容は（たとえ表面的にはそう見えなくても）それに資するものになる。これを心理学の研究法として体系化したのがここで紹介する面接法である。心理学で行なわれる面接の目的は，対象者の感情や価値観，動機など，内面的な心の理解である。こうした点の深い理解を目的とする心理学の領域は臨床心理学が代表的だが，性的少数者（LGBT）などのマイノリティに注目する社会心理学研究など，対象者の数を確保するのが困難であると同時に，他の研究法ではその特徴をとらえにくいような研究テーマでも，よく面接が用いられる。

　面接の際に，対象者にどのような質問をどのように行なっていくのか，つまり面接の構造については，**構造化面接**，**半構造化面接**，**非構造化面接**の３種類がある。構造化面接は最も自由度が低く，あらかじめ質問の順序や項目内容，言葉遣いなどを決めて，すべての対象者に同じ内容を同じように質問する。口頭で調査への回答を求めるようなイメージだが，ただ単に調査票を配布するのとは違い，対象者の理解度や反応を確認することができる。半構造化面接では，大まかな質問項目はあらかじめ用意するが，順序や言葉遣いなどはその場の流れに応じて柔軟に変更する。非構造化面接は最も自由度が高く，会話の糸口となる質問項目をいくつか準備するだけで，あとは対象者の自由な語りに任せる手法で，面接者は話の流れをほとんどコントロールしない。そのため十分なデータを得るためには他よりも長い時間が必要となるし，面接者にも相当な力量が必要となる。

2 面接の利点と限界

では，面接法を用いるのにふさわしい研究場面はどのようなものだろうか。

前述したとおり，構造をある程度決めて行なう面接は調査と似ている。研究テーマについて，多数の対象者から短時間で情報を得て，それらの全体的な特徴を知ることで幅広い視点から心をとらえることを重視する場合は調査のほうが向いているが，対象者数は少なくてもかまわないので，時間をかけて丁寧に，それぞれのより深いところまで探ることを重視するなら面接のほうがふさわしい。

研究者と対象者の距離の近さ，かかわりの深さという意味では，観察と似たところもある。しかし前述のとおり，観察では「見えるもの」を手がかりとする一方で，面接では対象者から語りを引き出して，それを手がかりとしてその人物の内面理解を試みる。

面接の限界としては，調査と同様に言語によるコミュニケーションが可能な相手しか対象にできないことがある。たとえば動物や乳幼児を対象にすることはできない。また，構造をあまり定めないスタイルで行なう場合は，研究者の意図する方向に対象者を引きずる誘導尋問や，多くの情報を得たいあまりに対象者に心理的圧力をかけてしまうといった，研究倫理に抵触するような問題が起こりがちなので注意が必要である。事前にインフォームド・コンセントを得ること，事後に対象者の状態をよく確認して必要があればケアを行なうなど，具体的にどのような倫理的配慮をすべきかについては，第8章を参照してほしい。

面接法については本シリーズ第5巻で詳しく取り上げる（佐藤 寛編）

研究の基礎：
人間を対象とする測定における諸問題

　心理学では，人間を対象としてさまざまな変数に関する測定を行ない，データを収集する。そして，当然のことながら研究実施者も人間である。つまり研究現場では，同じ人間が「測定する」立場と「測定される」立場に分かれて対峙することになる。便宜的に立場が2つに分かれるとはいえ，また，意図的であるにせよ無意図的であるにせよ，そこでは生身の人間同士のコミュニケーションが展開される。そのことが，本来の研究対象である変数間の関係に影響を与える剰余変数（第2章参照）としてはたらいてしまう場合がある。本章では，人間対人間という状況であるがゆえに発生する，つまり「モノ」を対象とする物質科学では生じないいくつかの問題について解説する。そして，人間を対象とした測定であるからこそ常に意識すべき問題として，日常的な場面への一般化可能性，すなわち生態学的妥当性の重要性について述べる。

1 節　参加者効果

　人は自らが置かれた状況に応じて行動を調整する。いったん測定される立場になった人は，それが事前に知らされていなければ別だが，自分はそういう立場なのだという自覚をもって行動することになる。そこでの反応は立場の自覚をふまえたものになるので，そこで設定されたようなシナリオに日常生活で出くわしたときに生じるものとは異なり，そこでこそ生じる特有のものになる可能性がある。これを**参加者効果**（participant effect）という。そして，測定される立場の人にある特定の反応を要求する圧力をもたらす要素のことを**要求特性**（demand characteristics）という。要求特性は，それを意図して設定されたものではないが，それだけに，実験であれば実験者による教示方法や内容，あるいは実験室の雰囲気など，調査であれば誰からどのような場で依頼されたか，あるいは質問項目の内容など，研究手続きのいたるところに潜んでいる可能性がある。

1　社会的望ましさへの配慮

　人が測定される立場になったときに生じやすい特定の反応の一つは，社会的に受け入れられやすい望ましい行動を優先する，というものである。一般に，人は他者に対して自分をよく見せようとする傾向がある。「こうあるべき」という規範に反した行動はなるべくしないか，少なくともそれに反した行動をしていないようなふりをする。これを**社会的望ましさ**（social desirability）という。その人が本来もっている態度や行動と，社会的に望ましいものの乖離が大きければ大きいほど，測定されるデータは人工的になり，自然なものとはかけ離れてしまう可能性がある。たとえば，大学1年生を対象として，講義中の教室で講義担当者が飲酒経験に関する調査を実施するような状況を考えてみよう。20歳未満の対象者が「あなたは酒を飲んだことがありますか」という質問にどの程度正直に答えるだろうか。たとえ酒を飲んだことがある学生がいたとしても，それが法律に違反した行為である以上，誰がそう回答したかを特定されるリスクを重くみれば，正直に「はい」とは答えにくいだろう。つまり，

調査実施の状況が「いいえ」という社会的に望ましい回答をするよう圧力をかけていることになる。差別や偏見，逸脱といった行動や態度も，日常生活ではしょっちゅう観察されるが，いずれも社会的望ましさが低いので，実験や調査であからさまに行動させたり問うたりしても表出されにくい。また，日本では自尊心の程度を測定する際に，質問項目に回答を求めるタイプのものと単語分類課題への反応時間を手がかりにするタイプのもので結果に違いがあり，測定される側が反応を調整することができる前者はそれができない後者より自尊心の程度は低くなることが知られている。これは，日本では高い自尊心を表明することの社会的望ましさが低いことによるものだと解釈されている。

実験や調査においては，社会的に望ましい行動（回答）をする傾向がある

　社会的望ましさを考慮すること自体が実に人間らしい行動なので，こうした傾向を完全に排除するのは難しい。とはいえ，なるべく自然なふるまいに近いデータを得るための工夫はすべきである。先の飲酒経験調査であれば，調査票を講義担当者が教室で配布・回収するのではなく，第三者が依頼し，その場では回答させずに別の場所で回収するなど，より回答者の匿名性を確保する方法が考えられるだろう。また，過度に社会的に望ましい回答をしやすい個人の傾向を検出する質問項目や心理尺度もある。たとえば「私は今まで一度も嘘をついたことがない」「人を嫌いになったことがない」などの項目（ライ・スケールと呼ばれる）を調査に含めれば，これらに「はい」と答える人の反応には社会的望ましさ傾向が強く反映されていそうだという見込みをつけることができる。

2　「望ましい研究結果」への配慮

　測定される立場の人は，「社会的」な望ましさだけではなく，「研究」という場面限定の望ましさも気にかけるかもしれない。研究に進んで協力している，という状況が要求特性として機能してしまう可能性である。心理学研究への参

加は，日常の学業や仕事の一環としてではなく，わざわざそのために時間を割いて，しかもごくわずかな報酬しか得られない（あるいはボランティアである）ことを前提に求められる場合が多い。卒業論文のための研究に友だちに協力してもらうような場合が典型的だろう。このようなときは，それが社会的に望ましいものかどうかによらず，測定される立場の人が，測定する立場の人がどのようなデータを得たいと考えているかを配慮して，それに合わせて行動しようとする場合がある。このような状況で，測定される立場の人は自分が研究者から何を要求されているのかを知るために，実験室や実験手続きからなんらかの手がかりを得ようと試みる。そして「きっとこういう結果を出したいのではないか」と研究者の意図を憶測して，そのとおりにふるまおうとする。個人的にはありがたい話だが，研究者としてはありがたくない。なぜならこれもまた，自然ではない反応であることに変わりはないからである。

　測定される立場の人によるこうした「小さな親切，余計なお世話」に対処する方策としては，研究開始当初の説明（教示）で本来の研究目的や仮説を伝えずに，偽りのものを伝えるという**デセプション（deception）**がある。測定する立場からの要求が「正しく」伝わらなければ，それに対する配慮のしようがなくなる，ということである。休憩と称して実験者が部屋を出ている間など，いかにも研究とは無関係だと思わせるような場面が実は関心の対象で，そこで従属変数の測定を行なうようなこともよくある。こうした方策は，参加者に嘘をつくことになるので倫理的問題をはらむ可能性があるが，その内容が参加者に過度のストレスやショックを与えるものではなく，なおかつ事後に真実を伝え，やむを得ず嘘をつく必要性があったことを丁寧に説明する**デブリーフィング（debriefing）**を行なうことを条件に，実施を許される場合が多い。もちろん，真実を伝えたうえで改めて研究協力の可否を問わなければならず，了解が得られなければ測定したデータは破棄することになる。研究実施に際する倫理的問題については第8章で詳細に論じている。デセプションをうまく機能させるためには，カバー・ストーリー（本来の意図を覆い隠すためのつくり話）が必要だが，なかなか好都合なものをつくるのは難しい。参加者が不自然だと感じないようにしなければならないし，実験条件によって受け取られ方が異なってもいけないし，それ自体が剰余変数としてはたらき従属変数に影響することも避

けなければならない。

　デセプションが機能していたかどうかは，参加者に直接たずねるなどなんらかの方法で確認する必要がある。たとえばバージら（Bargh, Chen, & Burrows, 1996）は，社会的プライミングに関する研究で，事後インタビューにより参加者が実験の意図に気づいていないかどうかを確認している。社会的プライミングとは，特定の社会的手がかりに接触すると，そうとは意識せぬままにその影響を受けて事後の行動が変化することなので，特定の手がかりに接触していたということに参加者が気づいていたらお話にならない。この研究では，参加者は言語熟練度を測定する実験と称して「高齢者」に関連する単語を含む文章完成課題に取り組む。これがカバー・ストーリーであり，本来の目的は「高齢者」にかかわる社会的手がかりに数多く接触させることである。そして研究者の関心の対象は，彼らが実験室を退室した後に廊下を歩くスピードがまるで高齢者であるかのように遅くなるかどうかにある。しかし，もし参加者が本来の意図に気づき「ははぁ，これは言語熟練度を測定しているとみせかけて，私を高齢者っぽい気分にさせようとしているのだな」と考えていたとしたら，そのことが事後の行動に影響を及ぼしてしまい，歩行速度を計測してもそれが社会的プライミングの影響（だけ）を受けたものだと見なすことができなくなってしまう。そこで，歩行速度の計測終了後の，なおかつデブリーフィングを行なう前に，「先ほどの課題に取り組んだことが自分に何か影響を与えたと思うか」と，「課題に高齢者を連想させるような単語が入っていたことに気づいたかどうか」をこの順でたずねている。この順序も重要で，いきなり後者を問えば「そういえばそうだったかも」となるのでまずはあえて「何か」と曖昧に問うのである。もし気づきを報告する参加者がいれば，そのデータは分析対象から除外すべきである。バージらの研究では気づいた参加者はいなかったと論文に明記されている。

　また，調査による測定に際しては，特定の構成や項目内容の調査が要求特性につながりやすいことが指摘されている。典型的なのが**キャリーオーバー効果**で，先行する質問が後続の質問への回答に影響を与えることである。たとえば「あなたは日本の財政赤字が増大しているのを知っていますか」という質問の直後に「あなたは日本が外国に対して経済支援を行なうことに対して賛成で

すか，反対ですか」という質問を続ける場合である。この場合，先の質問の「財政赤字」という表現が，後の経済支援の賛否における否定的な回答の動因となる可能性が考えられる。意図的かどうかは別として，いわゆる「誘導尋問」にあたるような調査は望ましくない。

2節　実験者効果

　前節では，測定される側が「自分は今ここでどうすべきか，何を求められているのか」と状況を忖度する（状況に対してどう反応すべきかをおしはかる）という視点から，参加者効果を説明してきた。しかし冒頭で述べたとおり，心理学研究は人間対人間のコミュニケーションの場なのだから，研究者自らが測定場面に影響を与えてしまうこともある。特にこうした影響は実験による測定において生じやすく，実験者が実験の目的や仮説を知っていることが，実験の結果に対して影響を与えてしまうのが**実験者効果（experimenter effect）**である。

　測定する側が，測定の結果として得たいデータを頭に思い描きながら実験を実施する状況では，意図せずともそれが対象者に接する際のふるまい，たとえば視線やしぐさなどから伝わってしまうことがある。実験者効果を説明する際によく引き合いに出されるのが，アメリカの心理学者ローゼンタールらによる「ピグマリオン効果」の研究である。ピグマリオンはギリシャ神話に登場する彫刻家である。彼は自ら制作した彫像の女性に恋い焦がれてしまい，彼女を我が物にできなければ死んでしまうとまで思いつめていたところ，それを聞きつけた女神アフロディーテが彫像に命を与え，ピグマリオンは人間になった彼女を妻にした。つまり「強い思いが現実になる」というエピソードである。ローゼンタールとヤコブソン（Rosenthal & Jacobson, 1968）は，学校場面で教師と児童を対象として実施した研究で得られた結果をこれになぞらえた。彼らは，ある小学校で児童を対象に「学習能力を予測する」と称するテスト（実際はごく一般的な知能テスト）を実施し，その成績が良かった児童の情報を教師に伝えたのだが，該当する児童は無作為に抽出した。つまり，児童の本来の学

力とは無関係に,教師が「この児童の成績は今後伸びる可能性が高い」という情報をもっている児童とそうでない児童がいる状況を設定したのである。そして,8か月後に学力テストを行なったところ,有望だとされた児童が他の児童よりも実際に成績が伸びていることが示された。「この子は成績が伸びるに違いない」という教師の期待が教育場面の端々に現われ,それが実際に成績向上をもたらしたものだと解釈され,教師期待効果と名づけられた。

教師の期待が,児童の学力向上につながる

　この教師期待効果と同様の影響を,心理学実験における実験者も参加者に与えている可能性がある。実際,ローゼンタールも学校現場での研究に先んじて実験者が参加者にもつ期待が参加者から得られるデータに与える影響を検討している (Rosenthal, 2002 を参照)。この研究では,実験者として働く大学生や大学院生に,あらかじめ研究者がもっている仮説として伝える内容を変える操作が行なわれている。実験課題は,10枚の顔写真を見て,それぞれの人物の将来(成功するか失敗するかの程度)を参加者に予測させることを求めるものだったが,半数の実験者には「成功する」方向の予測になれば過去の同様の実験結果を再現できることになると伝え,残り半数の実験者には「失敗する」方向の予測になれば再現できると伝えた。それ以外のことには両者に違いがないように,全員共通の手続きで実験を実施させた。その結果,参加者の予測結果は「再現できることになる」として知らされていたのと同じ方向の予測になっていたのである。このように,人間は,なんらかの期待を抱いていると,本来はそれを出すべきではないとわかっていたとしても,その期待どおりになるように相手にはたらきかけてしまうことがある。

　こうした実験者効果を低減するためには,実験者が研究の目的や仮説を知らずに実験を実施する方法が有効である。これを**二重盲検法(double blind test)** という。通常,心理学実験は「ブラインドテスト」で行なわれる。つまり,

独立変数がどのように操作されているか（自分がどのような条件に割り当てられているか）を参加者には見せない（知らせない）。二重盲検法では，これを実験者にも見せない（知らせない）という方策がとられる。実験をするほうもどのような条件なのか知らなければ，得られる結果になんらかの期待をもつことがないので，期待が意識的にせよ無意識的にせよ態度に出てしまうことを防ぐことができる，ということである。参加者だけではなく実験者も研究の目的や仮説を知らないので「二重」である。

　たとえば，先にあげたバージらの社会的プライミング研究結果に，実験者効果が剰余変数として介在している可能性はないだろうか。ドゥエンら（Doyen, Klein, Pichon, & Cleeremans, 2012）は，実験者効果を排除した状況でバージらの実験の結果の再現性を検証する実験を行なっている。この実験ではバージらの研究や社会的プライミングについて知識をもたない大学生が実験者を務め，また課題には高齢者関連語を含むものとそれらを中立的な語に置き換えたものの2種類があったが，問題用紙は何も書かれていない封筒に入れてそのまま参加者に渡すように指示した。このように，結果についてなんら期待を抱かない（抱くことができない）ようにして実験者効果を低減させた状況では，「高齢者」課題を行なった参加者の歩行速度が遅くなるという結果は見いだされなかった。さらに彼らは実験を重ね，部屋から退室するよう口頭で指示する実験者が参加者の割り当てられた条件を知っている場合にのみ，社会的プライミング現象の再現に成功したことを報告している。この研究結果は，参加者が本来の意図に気づいていなくとも，実験者が望ましい方向へと参加者を促してしまう場合があることを示唆している。

　参加者が「自らは望ましい行動をしているかどうか」を気にすることによって生じる効果と同様に，実験者効果もまことに人間らしい行動に由来するものであり，それだけに「なるべくしないよう心がける」といった消極的な方法ではなかなか防げないことを自覚する必要がある。特に参加者の反応に実験者の期待が反映されやすそうな研究を実施する際は，予備実験を行なうなどしてどのような要素がありうるかを事前によく検討し，より積極的な対策をとるべきだろう。

3節　努力の最小限化

　前節では，測定される立場の人が「自分は見られている」ことを自覚することで，社会的に，あるいは研究者にとって望ましい方向の反応をしやすくなることの問題点や，測定する立場の人がもつ知識や期待が誘導的にはたらいてしまうことの問題点について論じた。では測定される立場の人を測定する立場の人から「見ることができない」場合はどうだろうか。言い方を変えると，測定する立場の人が測定の現場に居合わせない場合，どんなことに留意する必要があるだろうか。

　こうした問題は，インターネットを利用して遠隔地にいる参加者からデータを収集する，いわゆるオンライン実験やオンライン調査が盛んに行なわれるようになったことで注目を集めるようになった。こうした研究では，メール等の手段で研究参加依頼が行なわれ，実験の刺激呈示とそれに対する反応データの収集，調査への回答など，研究実施のすべての手続きがインターネット（多くはWeb）上で行なわれる。依頼を応諾した人がパソコンやスマートフォンなど自身がインターネットにアクセスできる環境から研究に参加するので，実験者と対面する機会はまったくないし，調査票を配布した人物の立ち会いのもとで回答することもない。こうした状況では，参加者が教示を理解しているかどうか，閲覧すべき刺激をちゃんと見ているかどうか，質問項目の意味を理解しているかどうかといった，研究が問題なく遂行されているかどうかに関する情報を得ることが難しい。また，より踏み込んで言えば，研究協力の動機づけが非常に低く，必要最低限の注意すら払わずに参加している場合もあるかもしれない。というのも，こうした研究の依頼先としてはクラウドソーシングサービス（不特定多数のインターネット利用者にさまざまな作業を委託し，成果報酬を支払うシステム）が用いられることが多く，研究に進んで協力しているというよりは，報酬を得るための作業がたまたま研究だ，という構図があるからである。

　参加者が協力に際して応分の注意資源を割かない行動のことを**努力の最小限化（satisfice）**という。研究者が想定した手続きを参加者が問題なく遂行し

ているかどうか，その場に立ち会って確認したり介入したりすることができないのだから，少なくとも事後にはそれが検証できるよう，本来の目的である測定とは別に情報を得ておく必要がある。

　努力の最小限化の典型例には，作業時間短縮のために教示や刺激に十分に接触せずに反応するような場合がある。Web では，ブラウザの特定ページを閲覧した時間，ボタンをクリックした回数やタイミングなどを測定することができるので，不当に短い，あるいは多過ぎるといったデータを特定することは比較的容易である。また，努力の最小限化傾向を検出する項目への反応を手がかりにする方法も工夫されている。たとえば IMC（instructional manipulation

---

スポーツ競技への参加について

　意思決定に関する近年の研究で，人間の決定は「真空」状態で行なわれるわけではないことがわかってきました。人が何かを決めるとき，その人の好みや知識，または，そのときどんな状況に置かれているかなどのさまざまな特徴が，大きな影響を及ぼすのです。この調査ではこうした「人間の決め方」を研究するために，あなたの「意思決定者」としてのある特徴を知りたいと考えています。つまり，あなたがこの指示を時間をかけてよく読んでいるかどうかを知りたいのです。もし誰もこの問題文をお読みになっていなければ，問題文の内容を変えることが「人間の決め方」に与える影響を見たい，というわれわれの試みは意味をもたないからです。ここからがお願いです。この指示をお読みになったことの証明として，以下のスポーツ競技に関する項目はすべて無視してください。その代わり，「その他」だけにチェックを入れたうえで, 読んだ と入力し，次に進んでください。

普段よく行なう活動は以下のうちどれですか。当てはまるものすべてにチェックを入れてください。

- ☐ スキー　　　　　　　　☐ バスケットボール
- ☐ 水泳　　　　　　　　　☐ ジョギング
- ☐ サッカー　　　　　　　☐ サイクリング
- ☐ テニス　　　　　　　　☐ 卓球
- ☐ スノーボード　　　　　☐ その他：
　　　　　　　　　　　　　　［　　　　　　　］

図 5-1　IMC による努力の最小限化傾向の検出

check）は，長い教示文を伴う質問項目への回答を求める際に，教示をきちんと最後まで読まないと要求された反応ができないような仕掛けをほどこす方法である。図5-1に一例を示す。教示を最後まで読めば「その他」にチェックしたうえで自由記述欄に「読んだ」と記入することが求められていることがわかるのだが，ざっと斜め読みしたのではそれに気づかず，自分が日常的にしているスポーツにチェックをつけてしまいがちである。教示に条件操作を含めて事後の反応の差異を検討するような実験であれば，教示を十分に読まない参加者のデータを使うことは躊躇すべきだろう。また，**DQS（directed question scale）**は，多数の項目からなる回答選択式の尺度に回答を求めるWeb調査に，回答する選択肢を指示する項目を含めることで，質問項目に目を通してから反応しているかどうかを確認する方法である（図5-2）。

こうした努力の最小限化傾向の検出項目は，単なる検出のみならず，参加者

あなた自身についてうかがいます。以下のそれぞれの項目についてあなたにどれくらい当てはまるかを，「まったく当てはまらない」から「非常に当てはまる」までのうち最もふさわしいものを選んでください。

	まったく当てはまらない	あまり当てはまらない	どちらでもない	やや当てはまる	非常に当てはまる
1. ゲームが好きである	○	○	○	○	○
2. 自分の内面にかかわることをあまり話さない	○	○	○	○	○
3. この質問は「非常に当てはまる」を選択してください	○	○	○	○	○
4. 集団で行動するのは苦手である	○	○	○	○	○
5. 自分が面白いと思うことは，社会的に評価されていないことが多い	○	○	○	○	○

図5-2　DQSによる努力の最小限化傾向の検出（問3が努力の最小限化を検出する項目）

の応分に注意資源を割くことへの気づきを促すために活用することもできる。たとえば Miura & Kobayashi（2016）は，IMC に適切でない回答をした参加者に再度同じ項目を呈示し，それには適切な回答ができた参加者の事後の反応は，初回から適切な回答をした参加者のものに近づくことを示している。あるいは，DQS に適切でない回答をした参加者に随時警告を出すことも可能だろう。

閲覧時間が十分だったり，これらの項目に正しく答えたからといって十分に注意を払い，内容を正しく理解して研究に参加していると断言することはできないし，逆に処理が迅速だったり，これらの項目に正しく答えなかったからといって一概に「不良参加者」だと決めつけるのも早計だろう。しかし「オフライン」であれば容易に得られるような周辺的な情報を得られないことは，その中に剰余変数が潜んでいる可能性を精査する機会を逸することにつながる。インターネットを利用した心理学研究は，画像や音声を駆使した刺激呈示や調査における項目呈示順序のランダマイズといった多様な工夫を施せたり，これまで対象が大学生に限られがちだった状況を改善して研究知見の一般化可能性を高めたりするなど，いくつものメリットがある。こうしたメリットを最大限活かすために，測定される人が「見えない」ことがもつ意味を精査し，必要な対処をすべきである。

4 節　生態学的妥当性との両立

ここまで 3 節にわたって，心理学研究が人間対人間という状況で実施されるものであるがゆえに発生する諸問題について論じてきた。測定することにもされることにも人間が関与することが結果にもたらす影響は少なくなく，またそれをすべて特定してなおかつ適切な対処を施すことは容易ではない。また，その努力は一方で研究の**生態学的妥当性**（ecological validity）を低める可能性がある。生態学的妥当性とは，実験に用いる刺激や実験状況が，人間が通常生活する環境に照らし合わせたときに意味のあるものになっている程度のことである。心理学研究は，現実社会で生じる人間行動とそれに表象される心の動き

を解明することが究極の目的である一方，測定のためにそれを再現するのは実験や調査といったミニマムな環境である場合が多い。人間同士の相互作用がもたらす影響は，確かに関心の対象とする変数同士の関係を純粋に取り出すためには剰余的なものではあるが，その排除を指向しすぎることは研究環境を過度に人工的で無意味なものにしてしまうかもしれない。特に実験室実験ではその傾向が顕著である。現実的な場面での行動の予測や理解に役立つ知見を得るためには，どこかでバランスをとる必要がある。たとえば，同じ関心の対象について，まずフィールドでの観察研究で大まかな関連性を見きわめ，実験室実験でその頑健性を確認し，さらに一般市民を対象とする調査データでも同様の傾向が見られるかどうかを検証するなど，複数の研究法を組み合わせて多角的にアプローチすることによって，個々の研究法ごとの利点を活かしつつ，研究全体として生態学的妥当性を確保するような工夫も必要だろう。

データの中身を知る：記述統計

　本章では，心理統計の基礎的な考え方を説明したうえで，心理学で測定するデータの特徴について説明する。そして，得られたデータそのものの特徴を知るための統計手法である記述統計について概説する。現代の心理学では，データの量も質も多様化し，それに応じて統計手法も発展の一途をたどっている。さまざまな統計手法を身につけることは研究者として当然有力な武器となるが，本書ではそれらを詳細に紹介することはあえてしない。本章の目的は，なぜ統計手法を活用するような，つまり数量的データをとるのか，どのような測定方法があるのか，そして得られたデータの特徴はどうすれば把握できるのかといった，基本中の基本を確実に押さえることである。

1節　数値データの利点

　心理学は，その創始期から数量的方法を採用することで，自然科学にならった客観性と厳密性の確保に力を尽くしてきた。「心」のように実体をもたない概念を数量として扱うことに対する批判もあるが，正しく有効な方法で測定されたものであれば，数量として扱うからこそ，概念間の関係をシンプルかつ的

確に表現することが可能になる。

　しかし，心理学を学ぼうとする人は往々にして数学が得意ではない。数学が苦手だからと文科系（とされる）心理学を学ぶことにしたら，また数学に遭遇して戸惑っている人もいるかもしれない。ただ，心理学で必要な数学はそれほど高度なものではなく，その範囲は限定的である。また，厳密な数学的基礎を知らなくても，数量データを扱う適切な手続きやその意義を学ぶことはできる。そして，自分の研究は特に測定や統計を用いる必要がない，という場合でも，それを用いた先行研究を理解するためには一定の知識が必要である。さらに言えば，数量的方法を学ぶことは，単に技術だけではなく，研究対象を眺める新たな視点（考え方）を得ることにつながるはずである。

　第4章で概説したとおり，実証科学としての心理学の研究では，実験，調査，観察，面接などの方法を用いてデータを収集する。データとは，ある研究テーマや仮説について調べようとする際に，ある設定に基づいて，特定の事柄に注目して，組織的に集められた，テーマにかかわる情報のことである。確たる目的をもたずに，つまり変数を特定することなくただ単に集められた文字や数字は，情報ではあるがデータとはいえない。言い方を変えれば，確たる目的をもってデータを収集するのであれば，適切な対象，適切な設定，適切な方法をもって臨むことが大前提となる。また，注目する特定の事柄のことを**変数**と呼ぶ。変数は variable の日本語訳で，直訳すれば「変わりうる（もの）」という意味である。人によって，状況によって，さまざまに異なる値をとる可能性があるのでこの名がついている（変数の種類など詳細は第2章も参照のこと）。

　前述したとおり，心理学におけるデータは数量的なもの，つまり数値で示される定量的データがほとんどだが，なぜそうなるかといえば，数値データは，そうでない（定性的）データと比較していくつかの重要な利点をもつからである。まず，数値データはより客観的かつ正確に現実を表現することができる。たとえば，体の重さについて「彼の体重は 62.5 kg で，標準体重 60.0 kg より 2.5 kg 重い」と表現するのと「彼は少し太り気味である」と表現するのを比べてみるとわかりやすいだろう。前者は定量的，後者は定性的表現である。後者は体がどの程度重いのかが明確でなく，言及している人物による主観的判断も入り込んでいる可能性があるが，前者にはそれがない。また，一定の基準（ここでは

「標準体重」）を設けることができ，それによって複数のデータを比較することが容易なのも数値データの利点である。これは，ある対象を測定する際に用いる**尺度**とその単位を定めているからこそのことである。尺度が適切に定められていれば，どこでいつ測定してもほとんど同様の数値が得られる再現性が確保できるし，多くのデータを収集して統計処理することにより，データ全体の特徴や傾向を知ることも可能になる。

2節　尺度

数値データを収集するための行為が**測定（measurement）**である。前節の例でいえば，体の重さという人間の状態（体重）を，体重計という機器で測定したところ，62.5 kg という数値を得た，ということになる。何かを測定するときに必要となるものさしが尺度である。尺度は測定の精密さによって次の4つの水準（ランク）に分けられ，それによって可能な統計処理も異なる。以下に，精密さの高いものから順に説明する。

1　比率尺度

重さや時間のように，0が「何もない」ことを示す尺度が**比率尺度（ratio scale）**であり，この測定器としては，体重計やストップウォッチなどがある。この場合の0を「絶対的原点」という。絶対的原点をもつことにより，差分だけではなく倍数表現で関係を記述することが可能となる。たとえば体重 100 kg は 40 kg よりも 60 kg 重い（100 − 40 = 60）と表現することもできるし，2.5 倍重い（100 ÷ 40 = 2.5）と表現することもできる。つまり四則演算がすべて可能である。

尺度に合った測定器を選択する必要がある

第6章　データの中身を知る：記述統計

2　間隔尺度

　0があってもそれが「何もない」ことを意味するわけではない尺度が**間隔尺度**（interval scale）である。温度計がわかりやすい例で，0度であっても「温度が何もない」ことを示しているわけではない。つまり0度は絶対的原点ではない。そのため，比率尺度とは違って倍数表現はできず，気温が摂氏20度であれば，摂氏10度より10度暖かいとはいえるが，2倍暖かいとはいえない。しかし，0度と1度の差（1−0＝1）と30度と31度の差（31−30＝1）は，同じだけの熱量1度を示していて，等しい。つまり間隔尺度の目盛りは等間隔であり，足し算や引き算は可能だが，掛け算や割り算はできない。

3　順序尺度

　測定データの数値が対象間の大小関係のみを表現するものである尺度が**順序尺度**（ordinal scale）である。たとえば成績の順位は，成績の良い順に1位，2位，3位…という数値を当てはめる。成績の良さは1位＞2位＞3位で，数字が小さいほうがより成績が良いことを意味することは確かなのだが，1位と2位の差が2位と3位の差と同じであるとは限らない（つまり，等間隔ではない）。1位だけがずば抜けてよくできて，それ以下はドングリの背比べ，といった場合を想像するとわかりやすいだろう。順序はあるが，その間隔はさまざまなので，四則演算はできない。

4　名義尺度

　いくつかのカテゴリーに分類することだけを目的とした尺度のことを**名義尺度**（nominal scale）という。たとえば「四季のうちいつが一番好きですか」という問いを考えてみよう。「1. 春，2. 夏，3. 秋，4. 冬」という選択肢が設けられることがよくあるが，これは単に春に1，夏に2……という数字を割り当てただけで，別に「1. 冬，2. 秋，3. 夏，4. 春」でも（普通あまりしないが）差し支えはなく，どれが上でどれが下という順序性はない。「1. 春，10. 夏，100. 秋，1000. 冬」でも（普通あまりしないが）かまわないから，等間隔性もない。ある数値をとるデータの度数，つまりその数値を当てはめたカテゴリーに含まれるデータの数を数えることはできるが，数値同士の四則演算に意味はない。

5　心理尺度の尺度水準

　心理学における測定には，刺激に対する反応時間のように物理単位を適用可能なものもあるが，たとえば「関心」のように実体性がないものに数値を当てはめる場合も数多くある。第 4 章でも述べたとおり，こうした際に用いられる尺度が**心理尺度**である。たとえば，

　　質問：あなたは心理学を学ぶことに関心がありますか？
　　　1. まったく関心がない　2. あまり関心がない　3. どちらともいえない
　　　4. やや関心がある　　　5. 非常に関心がある

といった問いが典型例である。これは上記 4 つの水準のどれに当てはまるだろうか。まず，数値が大きいほど関心の程度は高いことを示しているので，順序性はあり，名義尺度ではない。そもそも 0 が設定されていないので，比率尺度ではない。では順序尺度か間隔尺度か，つまり数値と数値の間の等間隔性はあるのかといわれれば，普通に考えれば「ない」，つまり順序尺度だと答えることになるだろう。なぜなら「まったく」「あまり」「やや」といった言葉をどう解釈するかは人によって異なるだろうし，あるいは対象や場面によって異なる可能性もあるからだ。しかし，順序尺度だとすると四則演算ができないので，平均を出すときの足し算すらできず，せっかく収集したデータの全体的な特徴を表現することに不自由をきたしてしまう。そこで，心理学ではこの種の心理尺度を便宜的に間隔尺度として扱うのが一般的である。なお，平均は割り算も使うのに間隔尺度でよいのか，という疑問をもつ人がいるかもしれないが，ここでいう演算は「データ同士」のものを指している。平均で登場する割り算はデータの個数によるものであり，データ同士は足し算しかしない。つまり，等間隔だという保証はないが，等間隔でないという証拠もないので，便宜的に「等間隔に近いだろう」と見なしているにすぎないわけだ。こうした点については長年にわたり多くの議論があり，専門家の見解もさまざまだが，本書では，こうした心理尺度を間隔尺度だと見なす立場をとる。

3節　記述統計

　データを収集し終えたら，まずは集めたデータがどのような姿をしているのかを詳細に検討する。そのための具体的な作業は，1つの変数の特徴を知ることと，2つの変数の関連を知ることに大別できる。多くの解析手法を教授されるにつれ，この手続きを踏まずにいきなり高度な分析に着手しようとする学生が多いように感じるが，いつまでも決しておろそかにしてはならない基本中の基本だと肝に銘じてほしい。

1　1変数の特徴を知る

(1) 分布

　データ全体の特徴を端的に知るためには，どういう値のデータが何個得られたのかという分布のようすを図や表にまとめるのがよい。これを**度数分布**という。

　たとえば図6-1は，関西学院大学文学部総合心理科学科1年生165名の出身地を兵庫県・大阪府・京都府・その他の4肢で問い，度数分布を示したものである。これは学生を出身地によって分類するものであるから名義尺度である。名義尺度の場合，とりうる値の数はカテゴリーの数と同じで，通常それほど多くはないので，いくつかをまとめるようなことは通常行なわない。

出現値	度数	相対度数(%)
兵庫県	38	23.0
大阪府	48	29.1
京都府	36	21.8
その他	43	26.1
欠損値	0	0.00
合計	165	100

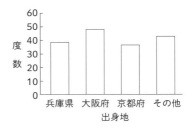

図6-1　名義尺度で測定されたデータの度数分布表とその棒グラフ

区間	度数
0 〜 50	28
50 〜 100	27
100 〜 150	29
150 〜 200	27
200 〜 250	18
250 〜 300	20
300 〜 350	8
350 〜 400	6
400 〜 450	1
450 〜 500	1
合計	165

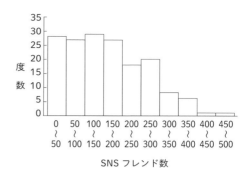

図 6-2　比率尺度で測定されたデータの度数分布表とそのヒストグラム

　一方，図 6-2 は，同じく学生たちにソーシャルメディアでつながっているフレンド数をたずねた項目の度数分布である。これは 0 が「誰ともつながっていない」を意味するのだから比率尺度である。こうした変数は，もちろんある程度の限度はあるがあらゆる数値が現われうるので，値 1 つごとの度数の分布を示すよりも，値全体をいくつかの区間に分けて，区間ごとに度数をカウントするほうがデータの特徴をとらえやすい場合もある。ここでは 50 人ごとに区間を分けている。

　図 6-1 と図 6-2 のグラフを比較すると前者は度数間に間隔があり，後者にはないことに気がつくだろう。グラフ内の柱の間に間隔がないということはデータが連続性をもっているということであり，図 6-2 のようなグラフのことを**ヒストグラム**（柱状グラフ）という。逆に図 6-1 のように値がカテゴリーの場合は連続性がないので，柱に間隔を空ける。

　度数分布をまとめ，特にグラフで表現すると，データの値ごとの度数を数えたりそれらをいくつかまとめたりする以外の計算は一切せずとも，データの散らばり具合や偏り，歪みがよくわかる。たとえば，図 6-3 に示した年齢ごとの人口を男女別に表わしたグラフ（人口ピラミッド）は典型的なヒストグラムで，50 年間で年齢層の偏りが大きく変化しており，高齢化が進んでいることが誰の目にも明らかである。データをとったら必ずまずは分布を描いて眺めてみよう。それは事後の分析方針を決める重要な手がかりになる。

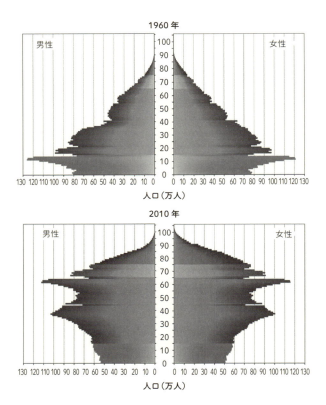

図 6-3　日本の人口ピラミッド（1960 年と 2010 年）（国立社会保障人口問題研究所）[*1]
資料：1920 〜 2010 年国勢調査，推計人口，2011 年以降：「日本の将来推計人口（平成 24 年 1 月推計）」

(2) 代表値

　度数分布を見てデータのだいたいの特徴をつかんだら，次は得られたデータを統計的に処理する手続きに移行する。データを統計的に処理して得られた数値のことを統計量という。まず，**代表値**，つまりデータ全体を代表し，その特徴を表現する統計量としては，平均，中央値，最頻値がよく用いられ，中でも最も一般的なのは平均である。ここでは「毎月のアルバイト収入」という変数に関する大学生 5 名のデータ（表 6-1）に関する代表値を考えて，それぞれの特徴を説明する。

表6-1 大学生5名「毎月のアルバイト収入」データ

| Aさん | 20,000円 | Bさん | 20,000円 | Cさん | 80,000円 |
| Dさん | 45,000円 | Eさん | 30,000円 | | |

平均は，データのすべての値を足し加えて，データの個数で割ったものである。表6-1の5名のアルバイト収入の平均は39,000円である。平均にはすべての値の情報が反映されているという意味で優れた代表値である。しかしそのため，**外れ値**（他とかけ離れた極端な値）が含まれていると，それに引きずられた値になりやすい。また，順序尺度や名義尺度の変数については求めることができない。

中央値（メディアン）は，データを大きさの順に並べ替えたときに，ちょうど真ん中にくる値のことである。表6-1の5名のアルバイト収入の中央値は30,000円である。データの数が偶数であれば，真ん中の2つを足して2で割る。中央値はすべての値の情報を含むわけではないので，外れ値の影響は受けにくい。順序尺度でも求めることができる。しかしそのため，単に「真ん中」であるという以上の意味はなく，それ以外のデータがどのように散らばっているかはわからない。

最頻値（モード）は，最も度数の多い値のことである。表6-1の5名のアルバイト収入の最頻値は20,000円である。当てはまる値が複数ある場合は，それらすべてが該当する。最頻値もすべての情報を含むわけではないので，外れ値の影響は受けにくいし，名義尺度でも求めることができる。しかしそのため，特定の値，たとえば分布の端のほうに度数が偏っていると，データ全体をうまく代表できないこともある。

一般に，間隔尺度以上の変数に関する代表値として最もよく用いられるのは平均である。ただし，中央値や最頻値と平均が著しくかけ離れた値となっている場合は，度数分布に偏りがあることが考えられるので，本当に平均がその変数の特徴を顕著に表わす「代表」的統計量として適切なのかどうか，考慮する必要がある。

(3) 散布度

　データ全体の特徴を表わす際は，代表値とともに，分布の散らばり具合を知るための統計量である散布度も合わせて報告する場合が多い。図6-4の，8名の大学生が10点満点のテストを2回受験した際の成績に関するデータを見てみよう。3種類の代表値は2回ともまったく同じなのに，度数分布を見るとデータの散らばり方はまったく異なることがわかる。つまり，データの特徴は代表値だけでは判断できないので，**散布度**を求める必要が出てくるのである。

　間隔尺度や比率尺度で測定されたデータの散布度は，平均を基準として指標化することが多く，**分散**や**標準偏差**（英語の standard deviation の頭文字をとって SD と表記することも多い）がよく用いられる。これらの統計量のもとになるのは個々のデータの平均からのずれであり，これを偏差という。図6-4の例でいえば，表6-2のようになる。

　平均と同じ発想で散らばりを指標化しようとすれば，この偏差を足し加えてデータの数で割れば……となるが，プラスとマイナスの符号が互いに打ち消し合って0になってしまう。つまり，符号の影響を取り除いて平均からの「ずれ」だけを取り出す必要がある。偏差を2乗することでこれに対応するのが分散や標準偏差である。分散は偏差を2乗したデータの平均で，第1回は0.50,

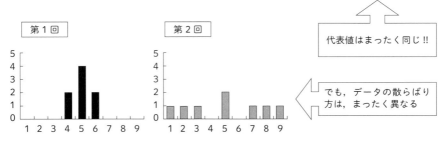

図 6-4 代表値と散布度

表 6-2 データの偏差

	A	B	C	D	E	F	G	H	平均値
第1回データの偏差	-1.0	-1.0	0.0	0.0	0.0	0.0	1.0	1.0	5.0
第2回データの偏差	-4.0	-3.0	-2.0	0.0	0.0	2.0	3.0	4.0	5.0

第2回は 7.25 となる。標準偏差は分散の平方根をとったもので，第1回は 0.71，第2回は 2.69 となる。

　心理尺度のデータの特徴を記述する場合は，一般的に平均と標準偏差を報告する場合が多い。なぜ分散ではなく標準偏差を使うのかというと，数値を2乗すると，符号を取ることができるのと同時に，「1→1, 2→4, 3→9, 4→16, …」のように，もとのデータの大小関係を拡大させてしまうことにつながってしまう。そこで，再度平方根をとって，「1→1, 4→2, 9→3, 16→4, …」のように，大小関係をもとに戻すのである。実際，図 6-5 に示すように，標準偏差のほうがばらつきの感覚量に近い値となる。

　順序尺度で測定されたデータの散布度を知ることができる（もちろん間隔尺度や比率尺度のデータにも適用できる）統計量には，分位数とそれに基づく四分位範囲がある。分位数はパーセンタイルともいい，データ全体を小さい値から大きい値へと順に並べたとき，ある値より小さい値が全体の度数の何パーセ

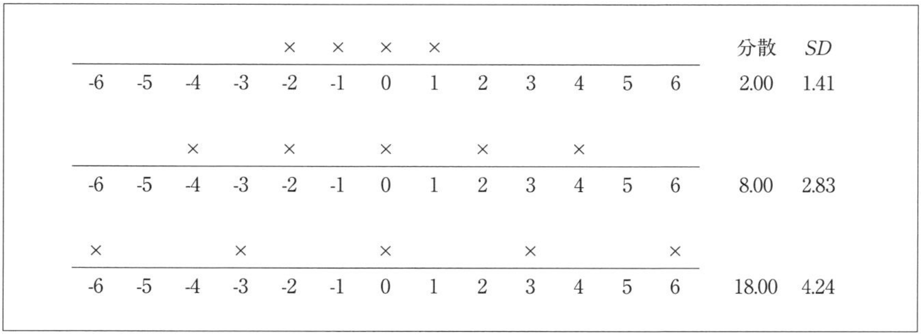

図 6-5　データの散らばりのようすと散布度

変数	最小値	Q1	中央値	Q3	最大値
SNSフレンド数	0	100	150	250	500

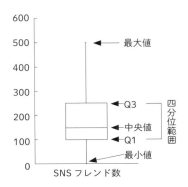

図 6-6　箱ひげ図

ントあるかを意味する統計量である。たとえばそれが 25% であれば 25% 分位数という。25, 50, 75 分位数でデータ全体を 4 つに分割する四分位数がよく用いられ, 順に Q1, Q2, Q3 と呼ぶ。中央値は 50% 分位数（Q2）である。また, 75% 分位数（Q3）から 25% 分位数（Q1）を引いた値を**四分位範囲**と呼ぶ。これを図示したものが箱ひげ図であり, 本節 1-(1) で例にあげた SNS フレンド数について描くと図 6-6 のようになる。四分位範囲を「箱」で, 最小値から最大値までの範囲を「ひげ」で表わす。

(4) 標準化

あなたが英語（100 点満点）と数学（200 点満点）の学力テストを受けて, いずれも 60 点だったという状況を想像してほしい。あなたはこの状況をどう解釈するだろうか。同じ得点だから, 英語と数学の学力は同じだと判断するだろうか。おそらくそうは考えず, 満点が違うことを問題視するだろう。さらに言えば, 各科目の受験者全体の得点の平均や散布度も気になるところだ。多くの人が似たような点だったのか, 人により出来不出来の差が大きいのか。つまり, 自分の得点が何点かという絶対的情報だけではなく, その科目のテストの受験者全体の中でどのあたりに位置しているのかという相対的情報がわからなければ, 学力を査定することは難しい。こうした査定に役立つのが, データを標準化する手続きである。

標準化（standardization）は，あるデータの値からデータ全体の平均値を引き（つまり偏差を求め），その値をデータの標準偏差の値で割る手続きであり，1つのデータの値に対して1つの**標準得点**が求まる。これを **z 値**とも呼ぶ。言い方を変えると，あるデータの標準得点は，そのデータの平均値からのずれを，標準偏差の大きさを1単位として測定した統計量である。標準得点が0ならば，もとのデータは平均値と等しい値である。標準得点が負であればもとのデータは平均値より小さく，正であれば大きい値であることがわかる。

　標準得点には大きな特徴が2つある。まず，もとのデータの平均や分散がどんな値であろうと，標準化をした後は常に平均値は0，分散は1（したがって標準偏差も1）になる。そして，たとえ標準化したとしてももとのデータの分布の形は変わらない。もとのデータと同じ横軸の上に標準得点のヒストグラムを描くと，グラフの横軸上の位置や拡がり具合は変わるが，形そのものは変化しない。たとえば図 6-7 は，平均が 12.5 で分散が 4.8 の変数 x の分布（右）を標準化した場合（左）である。標準化後は平均が 0 で分散が 1 になっている。しかし，標準化の前後で分布の形状が二峰性（度数に2つのピークがある分布）であることは変わっていない。

　この標準得点を，直感的にわかりやすい数値になるように，平均が 50，標

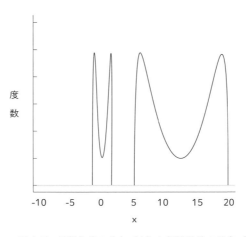

図 6-7　標準化前の分布（右）と標準化後の分布（左）

準偏差が10になるよう調整した（標準得点を10倍して50を足した）ものが**偏差値**である。冒頭の学力テストの例を読んで「偏差値がわかれば判断できる」と考えた人も多いだろう。その偏差値を算出する手続きが上記で説明したものなのである。こうした偏差値のしくみを理解した人は，「みんなの幸せの偏差値を上げよう」とか「偏差値が50に満たない大学は認めるべきではない」といった文言には違和感をもつはずだ。

2　2変数の関連を知る

　ここまでは1つの変数についてデータ全体の特徴を知るための手続きを説明してきた。心理学研究では，性格と行動にはどのようなかかわりがあるのか，刺激はどのような反応を生み出すのかなど，ある同じ対象について測定された2つ（以上）の変数の関係を読み解いていくことが必要とされる場合が多い。

(1) 相関

　人間の身長と体重という2変数を考えてみよう。身長の高い人は低い人に比べて体重も重いだろう，とおおむね想像できる。また，このような，一方の変数の値が変化すると他方の変数の値がどのように変化するかという2つの変数の関係を数量的に表わすのが**相関 (correlation)** である（相関については第2章でも解説している）。一方が大きい（小さい）と他方も大きい（小さい）場合を正の相関といい，一方が大きい（小さい）と他方は小さい（大きい）場合を負の相関という。相関を視覚的に表現したのが**散布図 (scatter gram)** で，指標となる統計量を**相関係数**と呼ぶ。相関係数には対象となる変数の尺度に応じていくつかの種類があるが，ここでは間隔尺度と比率尺度で測定された変数に適用可能なピアソンの積率相関係数（以降，これを単に相関係数と呼ぶ）のみを説明する。なお，順序尺度の場合はスピアマンの順位相関係数という統計量が用いられ，名義尺度の場合は変数の値に大小関係がないので2つの変数の関係を数量的に表わすことができず，相関ではなく**連関 (association)** という用語で表現する。

　散布図は2つの変数の値を2次元のXY平面上にプロットしたものである。散布図は，2変数の相関の方向（正負）と強さを直観的に知るのに適しており，

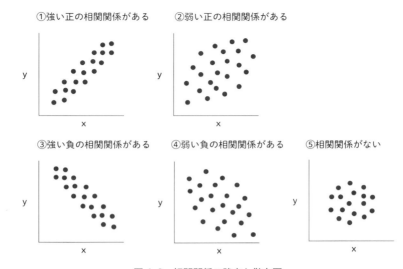

図 6-8　相関関係の強さと散布図

データ数が多かったり，とりうる値の範囲が広かったり単位が精密だったりする場合に特に有用である．図6-8のように，相関が正であれば右上がり，負であれば右下がりになり，相関が強いほどぎゅっとまとまった形になる．

　相関係数は，各データについて，2変数それぞれの標準得点の積を求めて全データ分を足し合わせ，データ数で割ることによって求める．-1から+1までの値をとる．相関係数のプラスマイナスの符号が相関の正負に対応し，0は無相関である．各データの標準得点は，先ほど述べた求め方を思い出せばすぐわかるが，全データの平均を基準として考えると，それを下回る値の場合は負，上回る値の場合は正になる統計量である．つまり，ある2変数のデータが両方とも平均を上回るか下回るかしていれば，両者の標準得点の積は正の値になり，平均との関係が互いに異なれば負の値になる．これらを足し合わせて平均したものが相関係数なのだから，前者が多いことが正の，後者が多いことが負の相関に対応することが理解できるだろう．

(2) 相関係数を算出・解釈する際の注意点

相関係数は，統計量と変数間の関連の特徴との対応がわかりやすい。ただ，データ全体の値の散らばり具合によっては，相関係数という数値のみを手がかりにすると，かえって変数間の関係を見誤ることがある。たとえば図6-9の2例がそれで，(a)では外れ値が，(b)では直線的な増加・減少ではないU字／逆U字の関係が存在している。いずれもこのまま相関係数を求めると，全体的な散布状況は図6-8の⑤に似ているので相関係数はとても小さくなり，散布図を見ずにいると「2変数には（何も）関連がない」という結論にいたってしまうので，注意が必要である。

また，2変数の相関が強いからといって，必ずしも両者の間に因果関係があるとは限らない点にも注意が必要である。第2章で詳しく述べたとおり，因果関係は，原因と結果の関係なので，そこには「Aが起こればBが起きる」つまりA→Bという方向性がある。相関係数にそうした方向性はないので，相関係数だけでA→BなのかB→Aなのかは判断できない。たとえば，父親の身長と息子の身長であれば，右向き矢印の因果を想定することは自然であり逆は存在しえないが，ある個人の身長と靴のサイズであれば，相関はあるだろうがどちらが原因でどちらが結果なのかはわからない。また，人の性格と行動傾向のように，おそらく性格→行動傾向という因果が存在するだろうという仮定

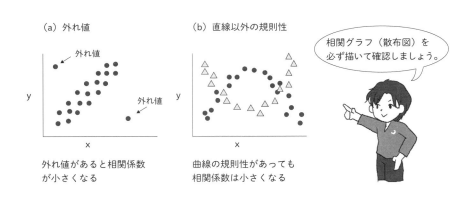

図6-9 相関係数の解釈に注意を要する場合

が立てられたとしても，調査などで測定したデータに基づいて両者の相関係数を求め，それを根拠に因果関係にまで言及するのは「勇み足」である。

他にも，相関を検討した2変数とかかわり合いの強い他の変数（剰余変数のことだが，統計学の文脈では第三変数という表現を用いることが多い）が存在する場合に，当該2変数には関連がなくても見かけ上非常に大きな相関係数が得られる場合（これを**疑似相関**という）や，入試の得点と入学後の成績のように，データそのものがなんらかの事情（この例であれば，後者のデータは前者で合格し，入学した者の分しか存在しないこと）で全体の一部でしかない場合のデータが影響する場合（これを**選抜効果**という）などもある。

これは相関係数に限った話ではなく，また，実に心理学的な事象だが，われわれは，統計という手続きで大きくかつ雑多なデータが縮約されたかたちで示されると，とたんにその縮約されたものにしか目が向かなくなり，しかも，それが小難しい手続きを経て得られたものであればあるほど，その価値を過剰に見積もってしまいがちである。特に，心理学は，われわれの生きるこの広い世界のごく一部を切り取るかたちでしかデータを収集できない一方で，広い世界でわれわれがどう生きているかを推測する学問である（推測統計の基本的な考え方については次章で詳述する）。統計を活用してデータについて語る際は，統計量について正しい理解をするとともに，その源となったデータの特徴や限界をよく知ることが重要である。

註

＊1　http://www.ipss.go.jp/site-ad/toppagedata/pyra.html

データから対象を見通す：推測統計

　これまで繰り返し述べてきたとおり，心理学という学問の究極の目的は「心のはたらき」に関する法則性を見いだすことであり，そのために実験，調査，検査，観察などの方法を用いてデータを収集する。しかし，たとえば人間のそれを検討する場合，あらゆる人からデータを収集するわけにはいかないので，その数は時と場合に応じるにせよ，扱うことができる範囲は限られている。言い換えれば，そのとき手元にあるデータに対してだけではなく，その背後にある，さらに大きな対象に対する一般的な事実を，収集することができたデータを手がかりに明らかにしようとしているので，収集したデータの特徴を知るための方法である記述統計だけでは，当初の目的をすべて果たすことはできないということになる。

　本章では，さまざまなかたちで収集したデータから，そのデータの背後にある対象の全体像を見通すための方法である推測統計について概説する。

1節　推測統計とは

　収集したデータのうち，関心のある対象全体のことを**母集団**（population）といい，そのうち，われわれが扱うことができた範囲のことを**標本（サンプル；sample）**という（図 7-1）。記述統計が標本の中だけで完結する分析であるのに対して，それを手がかりにして，その背後にある母集団について推測することを試みるのが推測統計である。つまり，推測統計は，手に入れることのできたデータから得られた知見を一般化するための手続きだということもできる。標本は，母集団のほんの一部にすぎないが，確実にそれに関する情報をもっている。それを活用して母集団の姿を推論するのが**推測統計**である。研究対象を選ぶときは，研究結果をどういう母集団に対して一般化したいのかをよく考えて，その母集団をできるだけ代表するような，偏りのない標本を選ぶのが望ましい。これを**無作為抽出（ランダムサンプリング；random sampling）**という。

　無作為抽出のなんたるかを直感的に理解させようと筆者がよく使うのは「味噌汁の味見」のたとえ話である。鍋いっぱいに作った味噌汁（母集団）の味見をするときわれわれはどうするか。味噌汁はだし汁に味噌を溶いたもので，味噌は重いのでしばらくほったらかしていると鍋の底のほうに沈んでしまう。そんな状態で上澄みだけすくって味見すると当然ひどく薄味になるが，これでは作った味噌汁の味をきちんと表わしているとはいえない。きちんと味を確かめ

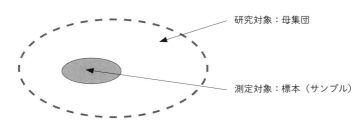

図 7-1　母集団と標本の関係

るなら，鍋全体をよくかき回してだし汁と味噌を混ぜ直してから，少量をすくって味見をする。「味見」が標本からのデータ収集，「鍋いっぱいの味噌汁」が母集団，「鍋全体をよくかき回して少量をすくう」が無作為抽出，「すくわれた少量」が標本である。そしてすくった量が標本の大きさであり，**サンプルサイズ**と称する。

　もう少し研究らしい例をあげてみよう。自分が受けもっている高校生の英語の成績の伸び悩みに困っている家庭教師が，ある学習方法がその生徒に有効かどうかを検証したいなら，その学習方法を生徒に伝授してみて，その前後でその生徒という特定個人の成績がどのように変化したかを検証すればよい。これは記述統計の世界で解決できる問題である。しかし，日本の高校生の英語の成績の伸び悩みに困っている文部科学省が，ある学習方法が日本の高校生に有効かどうかを検証したいときは，おそらく次のような方法をとるのではないだろうか。まず全国の高校から数十あるいは数百のモデル校を選び，その学習方法で授業を実施する。そして，モデル校の生徒たちの成績データを入手し，彼らの成績がどう変化したかを検討する。その際の目的は「この学習方法が日本の高校生にとって有効かどうか」，つまり効果の一般性を検討することにある。日本の高校生全体が母集団であり，モデル校の生徒たちが標本である。

　また別の例を考えてみる。テレビ番組の人気度の指標としてよく使われる統計量に視聴率がある。たとえば「去年の紅白歌合戦の視聴率は前半35.1％，後半40.2％でした」という報道に接すると，自分が調査に協力した覚えもないのに「子どもの頃に比べたら随分低くなったものだなあ」という感想を抱く。実際にここで報告されている統計量は，テレビに接続する視聴率調査専用機器を設置した世帯で，いつどのチャンネルが受像器に表示されているかが自動的に記録され，機器が置かれた世帯の総数あたりの比率を算出したものである。そしてこの統計量は，あるテレビ番組をその地区のテレビ所有世帯のうち何パーセントが視聴したかを表わす「推定値」として用いられている。つまりここでは，日本にあるテレビ所有世帯全体が母集団であり，専用機器が設置された世帯が標本である。ビデオリサーチ社の場合，サンプルサイズは900（2017年3月現在）とのことである。

　視聴率がマスコミの話題にのぼるときにはほとんど言及されないが，調査会

図 7-2 視聴率データに付記された注意事項（ビデオリサーチ社）[*1]

社が視聴率データを公表する際は，必ず図 7-2 のような注意事項が付記されている。視聴率が標本を対象とした調査（標本調査）であること，そしてそこには必ず誤差が伴うこと。ここに，本章でこれから説明しようとする内容が，端的に表現されている。

しかし，現実の心理学研究では，研究者自身や学生ならば指導教員が担当している大学の講義の聴講者を対象として実験参加者を募集したり，大学の近くにある幼稚園に依頼して園児の行動を観察する許可をもらったり，インターネット調査会社にモニター登録している人を対象として Web 調査を実施したり，といったように，便宜的な方法でサンプルを選ばざるをえないことがほとんどである。たとえば，関西学院大学の学生は大学生であることは間違いないが，彼らを対象としてデータをとり，得られた結果を「日本の大学生」のもつ傾向として一般化することには無理がある。かといって，「日本の大学生」から標本を無作為抽出するのは味噌汁の味見のようにたやすくできることではない（というより，ほとんど不可能である）。自分の在籍する大学以外の学生のデータも集める努力をする，といったことはできるかもしれないが，その場合も対象とできる大学は恣意的に選ばざるをえないから理想とは遠い。

となれば，実際のサンプルから結果を一般化しても無理がないと思われるような母集団を新たに想定し直すことが考えられる。しかし，実際のサンプルに合わせて，たとえば関西学院大学の学生からデータをとるなら母集団を関西学院大学の学生としたとしても，先ほどの方法で募集した参加者は，その母集団

から無作為抽出されたわけではない。つまり，厳密にいえば，これから述べるような確率論に基づく統計的推測の方法を適用するのにふさわしいデータとしての条件を備えていないのである。無作為抽出されているわけではない標本から得られたデータに推測統計を適用してよいかどうかについては，専門家の間でも議論が分かれるところだが，少なくとも心理学においては「たまたま選ばれたサンプルによって結果が左右される程度を評価し，そうした偶然的な変動を考慮して結果を解釈するうえで参考になる情報を与えてくれるものである」という立場で「適用上の限界をふまえつつ，これらの方法を利用する」(南風原・市川・下山，2001)という見解が主流であり，本書もそのスタンスをとる。

2 節　標本抽出に伴う結果の変動

　われわれが研究で関心を向けるのは，母集団に関する特徴を表わす統計量——平均や標準偏差，比率，相関係数など——である。われわれが研究で手に入れることができるのは，母集団から取り出した（抽出した）標本に関する特徴を表わす統計量である。これらのことを**標本統計量**という。まず重要なことは，標本が変わればデータが変わるので，こうした標本統計量の値も変わるということである。どの高校をモデル校にするか，視聴率調査機器をどの世帯に置くかで，成績や視聴状況は変わる。一方で，母集団の統計的な性質は未知だが一つに決まっている「はず」である。既知だが標本ごとに異なる統計量から，未知だが特定の母集団の性質を推測するためには，次のような手続きがとられる。なるべく平易に説明するが，統計学の専門用語がいくつか登場する。

　母集団からどういう標本が選ばれるかによって「偶然」生じる変動がどの程度の大きさかは，数学的な公式によって求めることができる。その公式は，特定の統計的特徴をもつ母集団からの無作為抽出を前提とした確率モデルに基づいて導かれている。たとえば相関係数であれば，2変量正規分布と呼ばれる母集団分布からの無作為抽出を仮定した場合，n人からなる標本から得られる相関係数rの値は，標準偏差（σ；ギリシャ文字「シグマ」と読む）

$$\sigma_r = \frac{1-\rho^2}{\sqrt{n}}$$

をもつ確率分布に従ってさまざまな値をとることがわかっている。右辺の分子にある ρ （ギリシャ文字「ロー」と読む）が母集団における相関係数である。このように，標本抽出に伴う統計量の変動の大きさを表わす標準偏差を，その統計量の**標準誤差（standard error）**という。

具体的な例を考えてみよう。もし母集団における相関係数が ρ = 0.50 だったとすると，そこから 10 人の標本を抽出してデータをとると，相関係数の標準誤差は

$$\frac{1-(0.50)^2}{\sqrt{10}} = 0.24$$

となる。一般に，標本から得られる統計量の値については標準誤差の 2 倍程度の誤差（母集団がもつはずの値からのずれ）を見込む必要があるので，この例であれば，0.50 ± 0.24 × 2，つまり 0.02 から 0.98 くらいの範囲を考えておく必要がある。第 6 章で解説したとおり，相関係数のとりうる値の範囲はそもそも -1 〜 +1 である。となると，この範囲は「正の相関係数」のほとんどを占めてしまっていることがわかるだろう。別の表現をすれば，母集団における相関係数が 0.50 であり，そこから無作為抽出をしたとしても，標本における相関係数は「ほぼ無相関」から「非常に強い正の相関」まで激しく変動するのである。つまり，10 人程度の標本から求められる相関係数の値は「あてにならない」ということになる。

標準誤差を小さくする，つまり標本における統計量を「あてになる」ものにするための方法は，公式を見れば明らかである。分母を大きくする，つまり標本を多くとれば標準誤差は小さくなる。たとえば標本が 100 人であれば標準誤差は 0.075 となり，標本から得られる統計量の誤差を 0.35 から 0.65 とかなり小さくすることができる。

3節　統計的仮説検定

このように，標本から得られる統計量は標本を抽出するたびごとに変動するとなると，母集団では相関がないにもかかわらず標本では正ないしは負の相関が得られたり，またその逆に，あるはずの相関が得られないというケースもありえるので，変数間の関係について誤った判断をしてしまう可能性がある。そのために，標本における相関係数の値が，無相関の母集団からはほとんど得られないような大きなものであるかどうかを確認する手続きがある。相関係数に限らず，標本における統計量に関するこうした手続き一般のことを，**統計的仮説検定**（statistical hypothesis test）という。統計的有意性検定，あるいは単に検定ともいう。

相関係数の統計的仮説検定では，標本における相関係数（r）が，無相関の母集団からどの程度の確率で得られるものであるかを確率モデルに基づいて計算し，その確率が十分に小さければ「母集団においても相関がある」と判断する。母集団分布としては先ほどと同じく2変数正規分布を仮定して，母集団における相関係数 ρ がゼロであるという状況を想定する。これを**帰無仮説**（null hypothesis）といい，H_0 と書く。そしてその母集団から実際の研究で用いられたのと同じ人数の標本を無作為抽出した場合に，相関係数の絶対値が，実際の研究で得られた相関係数の絶対値を上回る確率 p（probability の略でこちらはアルファベットの p）を求める。「無相関とはいえない」ことを確認する手続きなので，相関が正か負かを考慮せず，絶対値の大きさを対象としている。この確率をあらかじめ定めた「小さい」確率値 α（ギリシャ文字「アルファ」）と比較して，$p < \alpha$ であれば，実際に研究で得られた相関係数が「統計的に有意」であり，「母集団においても相関がある」といってよいと判断する。α のことを**有意水準**（significant level）といい，p のことを**有意確率**あるいは**p値**という。心理学では，有意水準 α の値として 0.05 つまり 5% が用いられることが多い（ただし，適切な有意水準については議論があり，0.05 を盲目的に信頼するのは好ましくない）。「第1種の過誤」（次節で述べる）を犯すことの重大性を鑑みて，時に応じて判断するべきである。つまり，母集団が無相関だと想定したうえで，

実際に算出された標本における相関係数より大きな絶対値の相関係数が得られる可能性を考えて，それがとても低いのであれば，標本が抽出された母集団は無相関だという想定を捨てて，母集団は無相関ではない（相関がある）という判断をする，ということである。この判断を下すことを「帰無仮説を棄却する」といい，「母集団は無相関ではない（相関がある）」という判断を，帰無仮説と対立する仮説として**対立仮説（alternative hypothesis）**といい，H_1 という。ここでは相関係数を例にとって解説したが，標本から求めうるどんな統計量についても，仮定する母集団分布や想定する状況は異なるが，統計的仮説検定のロジックは同じである。

4 節　統計的仮説検定における 2 種類の誤り

統計的仮説検定は 100% 確実だというわけではない。確率に基づいて判断しているので，間違った結論を導く可能性が必ずある。たとえば，有意水準を 0.05 と設定した際に，相関係数の絶対値が実際の研究で得られた相関係数の絶対値を上回る確率が 0.049 であれば，母集団においても相関があると判断するわけだが，これは母集団において「必ず相関がある」とイコールではなく，その判断が誤っている確率は 4.9% あるということを表わす。帰無仮説の真偽と判断との対応関係を示した表 7-1 を見れば，統計的仮説検定には 2 種類の誤りを犯す可能性がある（この可能性をゼロにはできない）ことがわかるだろう。

真である帰無仮説を誤って棄却してしまう場合を**第 1 種の過誤（Type I**

表 7-1　統計的仮説検定における 2 種類の誤り

判断 \ 真実	帰無仮説 H_0 は「真」	帰無仮説 H_0 は「偽」
棄却しない	正しい判断（確率 = $1-\alpha$）	偽の帰無仮説を棄却しない誤り （第 2 種の過誤；確率 = β）
棄却する	真の帰無仮説を棄却する誤り （第 1 種の過誤；確率 = α）	正しい判断（確率 = $1-\beta$） （検定力）

error）という。先ほどの例であれば，母集団には相関がないはずなのにあるとしてしまうことにあたる。これを犯す確率は先ほどの有意水準 α である。つまり，α を 0.05 と設定するというのは，帰無仮説を棄却する際に 5% は誤りを犯すことを受け入れることを示す。このリスクを低減したければ，α により小さい値を使用する必要がある。

帰無仮説が偽なのに誤って棄却しない場合を**第 2 種の過誤（Type II error）** という。これを犯す確率のことを α に対して β（ギリシャ文字「ベータ」）と表わす。先ほどの例であれば，母集団には相関があるはずなのにないとしてしまう，あるべきものを検出できない誤りである。α が慣例的に 0.05 とされている一方で，β は 0.2 が望ましいとされている。第 2 種の過誤を犯さずに，つまり帰無仮説が偽であるときに正しく帰無仮説を棄却する確率を**検定力 (statistical power)** といい，$1-\beta$ で定義される。先の β の目安に従えば，望ましい検定力は 0.8 ということになる。適切な検定力については有意水準同様，あるいはそれ以上に議論があり，0.8 を盲目的に信頼するのは好ましくない。たとえば 2 種類の誤りを同等に重視すべきなら（そして，有意水準を 0.05 とするなら）0.95 に設定すべきである。検定力は基本的にはサンプルサイズが大きくなれば上がるが，高すぎても問題が生じる（これについては次節で述べる）。

この 2 種類の誤りは統計的仮説検定の本質にかかわる非常に重要な考え方なのだが，どちらがどちらだったかよくわからなくなることがあるかもしれない。そんなときは，第 1 種の過誤は「あわてんぼう」の，第 2 種の過誤は「ぼんやりさん」の誤りだと覚えておくとわかりやすい。あわてんぼうの頭文字が a で α（アルファ）に，ぼんやりさんは b で β（ベータ）に対応している。本当はない相関を「あるある！」と見つけた気になってしまうのはあわてんぼう，本当は相関があるのに「ないんだ…」と見過ごしてしまうのはぼんやりさん，それぞれの犯しがちな誤りだというわけだ。

5 節　効果量と検定力分析

統計的仮説検定では，標本から得られたデータに基づいて，母集団において

「相関がある」とか「平均に差がある」といった主張をする際に，主張したいこととは逆の仮説である帰無仮説をとりあえず立てて，その確率である p 値を手元のデータから計算して，それが十分低い場合に「相関がある」と判断するという論法になっている。その判断基準はデータ収集よりも前に設定する有意水準に基づいて決まり，心理学では慣例的に 5% が用いられる。そのため，検定手続きにおいて最も注目が集まるのは p 値であり，それが 0.05 を下回るかどうかである。言い方を変えると，統計的検定において最も重要な指標は p 値であると考えてしまいがちである。

しかし，ここで注意しなければならないのは，p 値はサンプルサイズに多大な影響を受けるということである。たとえば，図 7-3 の①②の散布図をご覧いただきたい。②より①の相関係数がかなり大きいにもかかわらず，p 値では大小関係が逆転しており，しかも②は 0.05 を下回り，①は上回っている。つまり，手元にあるデータが増えれば増えるほど，実質的にはそれほど強い相関がなくても，p 値は小さくなり，統計的に有意であるという結果が得られやすくなる。もし 1,000 人のデータであれば，$r = 0.06$ というきわめて小さな相関係数でも有意になる。つまり，サンプルサイズが小さすぎると検定力が低すぎて，実質的に相関があると見なしうるものが統計的に有意だと判断されないという第 2 種の過誤が生じてしまうのだが，逆にサンプルサイズが大きくなることによって検定力が高くなりすぎると，実質的には相関があるとは見なせないようなも

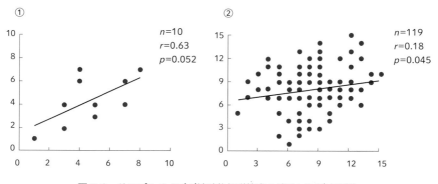

図 7-3　サンプルサイズが統計的仮説検定の結果に及ぼす影響

のすら統計的には有意だと判断されてしまうことにつながる。

　これらのことからわかるのは，p値を基準として語れるのは帰無仮説が正しくないかどうかだけであって，どの程度の相関や差なのかという実質的な意味を議論することはできないということである。これを量的に表現する指標が**効果量（effect size）**である。効果量は，独立変数と従属変数を区別する（因果関係を想定する）統計モデルを考えている場合であれば，母集団において独立変数が従属変数に対して影響を及ぼしている程度を表わし，両者の区別がない場合には，変数間の関係の大きさを表わすものであると考えられる。この効果量はp値とは違ってサンプルサイズに依存せず，また測定単位にも依存しない指標である。効果量には大きく群間差に関するもの（d族）と関係の大きさに関するもの（r族）の2種類があり，算出方法は統計量に応じてさまざまなものが提案されている。相関係数rの場合は後者に属するが，当該統計量をそのまま用いることができる。この観点から図7-3を見直すと，①は統計的に有意でなくても（$p>0.05$），実質的な効果は大きく，②は統計的に有意ではあるが（$p<0.05$），実質的効果はあまりないということになる。これまで心理学研究においては，統計的仮説検定の結果としてp値のみを報告する論文が多かったが，近年では上記のような問題点が認識されるようになり，検定の対象となった統計量の実質的な意味を議論するための指標として，効果量をともに報告することが必須となりつつある。

　ここまでに登場した統計的仮説検定にまつわる4つの指標——サンプルサイズ，有意水準（α），検定力（$1-\beta$），効果量——の間には，他の3つが決まれば残りの1つが決まるという関係が成り立っている。この中で，データを収集する前に研究者自身が調整することができるのはサンプルサイズのみである。有意水準は慣例的に0.05とすると決まっている。検定力も0.8が望ましいとされる。効果量はそれ自体が検討の対象ではあるが，これまでの先行研究や予備研究をふまえて議論する意味のある効果量を推測して，それを目安として設定すれば，収集すべきサンプルサイズを決定することができる。なお，サンプルサイズを事前に調整することが不可能だった場合は，研究を実施した後に，収集したサンプルサイズ，得られた効果量，有意水準に基づいて，検定力を確認するべきである。

こうした手続きによるサンプルサイズの決定や検定力の確認のことを**検定力分析（power analysis）**という。特に前者は，研究に際してどの程度のサンプルサイズが必要かという問題を解決してくれるので有用である。サンプルサイズが小さすぎると検定力が下がってしまい，大きすぎると検定力が上がりすぎて実質的な差がなくても有意差があると判断してしまうというジレンマがあるのだから，これをうまく解消できるような必要最低限のサンプルサイズを見定めるようにしたい。とはいえ，種々の事情によりサンプルサイズが限られ，事前の検定力分析で適切とされるだけのデータを収集できない場合もある。その際は事後の検定力分析によって検定力を確認することになる。一般に望ましいとされる検定力（0.80）が得られない場合もあろうが，0.50 を下回る場合は検定力が低すぎると言わざるをえないだろう。

6 節　ベイズ統計学の基本的考え方

　本節では，もう一つの統計的仮説検定の方法論，あるいはそれにとどまらない統計的データ分析の基本的な考え方として，伝統的な統計学とは異なる体系の統計学として近年注目を集めている**ベイズ統計学（Bayesian statistics）**の基本的な考え方を紹介する。ここで「伝統的」と称するのは「これまで（心理学において）主に採用されてきた統計的方法」という意味である。この伝統的な統計学が依拠しているのは 20 世紀前半に提唱された**ネイマン－ピアソン理論**で，頻度論とも呼ばれる。しかしながら，本節で紹介するベイズ統計学は，18 世紀イギリスの確率論研究家ベイズ（Bayes, T.）が提案した「ベイズの定理」と呼ばれる逆確率計算法を基礎にしたものなので，新しいわけではなく，むしろ「伝統的」と表現した統計学よりも歴史は古い。伝統的な統計学とベイズ統計学には，データ分析の基本的な部分における考え方に異なるところがあり，ベイズ統計学の考え方と道具立てを使えば，伝統的な統計学ではなしえなかったような分析が可能になる。これまでに説明したとおり，伝統的な統計学の体系において統計的仮説検定の中核をなすのは帰無仮説と有意水準である。その手続きは，研究者が本来検討したいこと（相関がある）とは反対のこと（相

関がない）を帰無仮説として設定してデータを収集し，データと帰無仮説から算出したp値をあらかじめ設定した有意水準と比較して帰無仮説を評価し，p値が有意水準より小さければ帰無仮説は棄却され，本来検討したかったことが示された，と論を進めるものである。しかも，ここで得られるp値は「帰無仮説が正しいと仮定したとき，収集したデータから求められた相関係数よりも極端な値が出る確率」なので，帰無仮説が正しい確率ではないし，かといって「対立仮説が間違えている可能性」でもない。「帰無仮説が正しいと仮定してそれを否定する」という背理法を使った論法はややこしいし，そもそもわれわれは帰無仮説を正しいなどとは思っていないのだから，知りたい対象はp値ではない。

　伝統的な統計学とベイズ統計学は，母数（母集団における平均や分散など）に対する考え方が大きく異なる。伝統的な統計学では，母数を不確定ではあるがなんらかの一定の値，つまり定数であると考える。定数は確率的なふるまいをしないので，母数についての確率（たとえば，母平均が0である確率）を考えることはできない。一方で，ベイズ統計学においては，分析者にとって未知な量はすべて確率的に変動する変数（確率変数）であると考える。母数も分析者にとって未知の量だから，その確率を考えることができることになる。

　ベイズ統計学の推論では，データを入手する前に母数についての情報を確率として考えておき（これを事前情報という），データが入手できたらそれによってこの事前情報を更新して，より確かな（データを得た後の）情報にいたる。われわれが知りたい対象である母数に関する仮説について，データが得られたもとで帰無仮説が正しい確率を考えて，それを実際に計算することができる。

表7-2　タクシー問題（Tversky & Kahneman, 1980）

ある街でタクシーによるひき逃げ事故があった。その街には2つのタクシー会社があり，それぞれ緑色のタクシーと青色のタクシーを運行させているが，その街を走るタクシーのうち85%は緑色タクシーであり，15%が青色タクシーである。単純に考えると台数の多い緑色タクシーがひき逃げした確率が高い。しかし最近になって目撃者が現われ，ひき逃げをしたタクシーは青色であったと証言した。事故発生時と同じ条件でその目撃者の色識別力を調べたところ，正しく識別できる確率が80%，誤る確率が20%であることがわかった。さて，事故を起こしたタクシーが証言どおり本当に青色タクシーであった確率はどのくらいだろうか？

もちろんその際に「できれば否定したい」ようなものを帰無仮説として設定する必要もない。

ここではごくシンプルに，よく例題とされるタクシー問題（表7-2；Tversky & Kahneman, 1980）に基づいて，ベイズの定理とそのもとで計算できる「仮説が正しい確率」について解説する。

この問題においては，タクシーの色について以下の2種類の仮説を設定することができる。

$H_{青}$：ひき逃げをしたタクシーは青色である
$H_{緑}$：ひき逃げをしたタクシーは緑色である

このうちどちらか一方だけが真である。そして，ここで得られたデータ（D）は「目撃者が現われ，ひき逃げをしたタクシーは青色であったと証言した」ことである。なお，H_0とH_1といった表現をあえて使わないのは，伝統的統計学の枠組みに従った仮説検定の考えをよく知る読者が，それぞれが「主張したいこととは逆の仮説」と「主張したい仮説」だというニュアンスを強く連想してしまうことを防ぐためである。

$$p(H_{青}|D) = \frac{p(D|H_{青})p(H_{青})}{p(D|H_{青})p(H_{青})+p(D|H_{緑})p(H_{緑})}$$

確率$p(H_{青}|D)$が「データDが得られたもとで仮説$H_{青}$が正しい確率」であり，$p(H_{青})$と$p(H_{緑})$は「データを得る前」のそれぞれの仮説が正しい確率である。これを**事前確率**といい，表7-2の問題文から，$p(H_{青})$=0.15で，$p(H_{緑})$=0.85である。

次に，$p(D|H_{青})$あるいは$p(D|H_{緑})$は，それぞれの仮説が正しいとした（つまりタクシーが本当に青色あるいは緑色である）ときに，データDが得られる（つまり目撃者がタクシーは青色あるいは緑色だったと証言する）確率である。この確率のことを**尤度**（ゆうど）という。表7-2の問題文から，$p(D|H_{青})$=0.80で，$p(D|H_{緑})$=0.20である。以上の数値を右辺に代入していくと，「データDが得

られたもとで仮説 $H_青$ が正しい確率」は次のとおり求めることができる。この確率のことを**事後確率**という。

$$p(H_青|D) = \frac{0.80 \times 0.15}{0.80 \times 0.15 + 0.20 \times 0.85} = 0.414$$

このことから，本当はタクシーが青色だった確率は 41.4% ということになる。事後確率が案外低いと驚かれた読者もいるかもしれないが，この低さはもちろん事前確率によるものである。この例題はそもそも「人間が行なう日常的な直感的確率判断は必ずしも合理的ではない」ことを示すために用いられたものであり，われわれは，目撃証言というデータがなければひき逃げ犯が青色タクシーである確率は 15% であることを忘れがちなのである。これを「基準率の無視」現象と呼ぶ。

同様に，「データ D が得られたもとで仮説 $H_緑$ が正しい確率」すなわちタクシーが緑色だった確率は次のようになる。

$$p(H_緑|D) = \frac{p(D|H_緑)p(H_緑)}{p(D|H_青)p(H_青)+p(D|H_緑)p(H_緑)} = \frac{0.20 \times 0.85}{0.80 \times 0.15 + 0.20 \times 0.85} = 0.586$$

ここではごく単純な例を用いたが，同様に，また，より一般的な表現をすると，母集団に関する**事前分布**（データを得る前の状態を表わす確率分布）$p(H_青)$ を考えて，データを収集したらそれに基づく尤度を手がかりにして，**事後分布**（データを得た後での確率分布）$p(H_青|D)$ を導出することができるということになる。新しいデータが手に入れば，一つ前の分析で得られた事後分布を今度は事前分布として用いて新たなデータに基づく分析を行なうことによって，事後分布の情報をどんどんアップデートしていくこともできる。事前分布として何を考えるかによって結果が変わり，またそこに決定的な方法があるわけではない。しかし，事前情報があればそれを組み込んで利用することによって，これまでの伝統的でややこしいロジックに基づく推論とは異なるかたちで，より豊かな分析が可能になる。事前に母数についての情報が特にない場合には，無

情報事前分布という，情報がない（もしくは少ない）ことを表現する事前分布を利用した分析を行なうことができる。

　こうした2つの仮説を比較してどちらがより妥当かを表わす量として**ベイズファクター**が提案されている。このベイズファクターを用いることで，ベイズ統計学に基づいた仮説検定を行なうことができる。ベイズファクターによる検定は，帰無仮説を設定する必要がないという意味で，柔軟な仮説についての推論を行なうことができる。ここではこれ以上の紙幅を割くことはしないが，統計的仮説検定の主流となる方法論は伝統的なものからベイズ統計的なものへと移行する可能性があるし，ベイズ統計の考え方はより幅広く統計モデリング（データと仮説に基づいて現象に対する数理モデルを作成すること）一般において有用である。ぜひ詳細を学ぶために，ベイズ統計学の入門記事（たとえば，岡田，2016）や書籍（たとえば，豊田，2015, 2017 など）をご一読いただきたい。

[付記]
本節の執筆に際しては清水裕士氏（関西学院大学社会学部）から有益な示唆を得ている。

註

＊1　https://www.videor.co.jp/data/ratedata/henkou.htm

第 3 部

研究を「公表する」ということ

　研究は，公表することによって初めて「成果」として社会に認められる。卒業論文と学術論文では，公表する範囲に違いがあるかもしれないが，心がけることは同じである。第3部では「研究を「公表する」ということ」と題して，研究を世に問いうるものとするために研究者が心がけるべきルールについて解説する。

研究倫理：研究者として「なすべきこと」

　ここからは，心理学の研究倫理の問題について，3章を割いて詳しく論じていく。こうした構成はおそらく過去の類書には例がない。無視されていたわけではないが，研究倫理は「お題目」以上のことがあまり重視されてこなかったのは事実である。われわれは，この問題について，皆さんが心理学を学びはじめ，自分自身で研究という営みに着手する当初から自覚的になってほしいという意図から，本書をこのように構成した。

　本章ではまず，「倫理」をエシックスとモラルに分けて考えることから始める。そして両者のうちのエシックスを「社会レベルでの倫理」ととらえて，研究プロセスで「なすべきこと」を，参加者への配慮を中心に具体的に紹介したうえで，これを遵守するためのシステムとしての倫理審査について詳説する。そして次章ではモラルを「個人レベルでの倫理」ととらえて，研究プロセスで「やってはいけないこと」を，特にデータ収集や分析段階に犯してしまいがちな行為を中心に具体的に紹介する。

1節　エシックスの基本的な考え方

　「倫理」という言葉を聞いて，あなたは何を想起するだろう。おそらくまず連想するのは「道徳」「善悪」といった言葉ではないだろうか。その場合の倫理は，個人が社会生活を営むうえで自然に身につくような，善悪をわきまえて正しい行為をなすために守るべき規範のことを指す。たとえば「人の嫌がることはしない」といったものである。この場合の「倫理」は英語でいうとモラル（moral）で，これはラテン語の mos（複数形 mores）に由来する言葉である。「倫理」にあたるもう一つの言葉にエシックス（ethics）があり，こちらはギリシャ語の ethos（複数形 ethike）に由来していて，ある組織や職業に特定的な規範として成文化できるものを指す。「倫理」という言葉をいずれにも当てはめうることからもわかるとおり，実際のところ，モラルとエシックスは明確に区別されるものではなく，共通する部分も多くある。

　心理学研究も社会的な営みの一つであるから，当然それにふさわしい倫理を遵守することが求められる。では，研究の倫理とはどのようなものだろうか。前述のとおりモラルとエシックスは近接した意味をもつが，ある程度区別して議論しないと特に初学者には混乱のもととなるだろう。

　心理学研究の主たる対象は生きた人，あるいは動物である。そして，ほとんどの場合，人や動物になんらかのはたらきかけをして（刺激を与えて），それに対する反応をデータとして収集する。つまり，心理学分野において研究を行なうことは，それが職業研究者による学術的なものであっても，現場における実践であっても，学部生の実習によるものであっても，個人と社会に大きな影響を与える可能性がある。

　このような場面でまず研究者がなすべきことは，あらゆる点において対象者である個人の尊厳と人権を尊重し，また個人情報の保護に努めることである。しかし，心のはたらきを科学的に解明しようとする強烈な関心は，時に研究者にこうした一線を踏み越えさせてしまいかねない。第1章でミルグラムの服従実験（閉鎖的な状況においては権威者の指示に容易に従い，残虐とも思える行為に着手してしまう人間の心理に関する実験）やジンバルドの監獄実験（特殊

な肩書きや地位を与えられるとその役割に合わせて行動し，残虐とも思える行為に着手してしまう人間の心理に関する実験）は，参加者に甚大な心理的苦痛を与えるものとして大きな批判をあびた。研究者が「なすべきことをなす」ことに忠実であれば，こうした危険な一線を越えることはないはずだ，というのがエシックスの基本的な考え方である。

2節　最小限のコストやリスク

　人を対象とした研究で何よりも優先されるのは，参加者の安全である。参加者は研究において必然的になんらかのはたらきかけを受けることになるが，そのはたらきかけへの反応は，たとえごくわずかではあれ参加者にとっては時間やエネルギーを含めたコストのかかることである。また参加者にとって危害となるリスクを伴う可能性がゼロではない。研究者は，こうしたことを事前に十分に精査して，日常生活で遭遇するようなコストやリスクを上回ることがないように留意する必要がある。たとえば脳波計測などは参加者を長時間にわたって拘束するから身体的な疲労につながるし，社会心理学では「負のフィードバック」の効果をみるために参加者にあるテストを受験させたうえで成績が悪かったと告げたりすることがあるが，これは参加者を心理的に傷つけている可能性がある。参加者をそこまでのリスクにさらし，またコストをかけさせてまですべき研究なのか，という点を，研究者は常に自問自答しなければならないし，またその妥当性は公に説明できるものでなければならない。

　公に説明，という点では，後述する倫理審査が重要な役割を果たす。つまり，研究に着手する前の段階で，生じる可能性のあるリスクやコストとそれらへの対処方法を倫理審査委員会と共有することによって，それらが許容範囲であることの確認を求める手続きを踏むのである。たとえば，対象者の感情を操作する目的で不快感や嫌悪感を抱かせるような刺激（たとえば，写真や動画）を用いる場合は，利用予定の刺激を審査資料として提出し，研究目的を達成するために妥当かつ必要な手続きであると認められる必要がある。

　動物を対象とした研究の場合は，人を対象としたものとは少し異なる事情が

ある。なぜなら，身体的侵襲およびそれによる苦痛を伴う処置をする場合，時には対象を死にいたらしめざるをえないような場合もあるからだ。こうした際は，動物愛護と環境保全の観点から，できるだけ動物に苦痛を与えないような研究の実施が求められるとともに，感染症の防止など衛生面でも十分な配慮を行なう必要がある。

3 節　説明責任

　研究者は，研究の目的や意義，そして方法の妥当性を社会的に説明できなければならない。そして，個人の情報やデータを収集するにあたっては，これらについて対象者（対象者が乳幼児など説明を理解する能力がない場合には，保護者や後見人など）にわかりやすく説明し，同意を得なければならない。これを**インフォームド・コンセント（informed consent）**という。こうした説明は，可能なかぎり事前に行なわれることが求められるが，研究の性格上，それができない場合もある。たとえば，本来の目的を知ることが結果に影響を与える可能性がある場合は，事前にはその可能性の少ない虚偽の目的を伝えることがある。これを**デセプション（deception）**という。こうした場合は，当然参加者を「騙したまま」で研究を終えてはならない。事後に，デセプションが行なわれたこと，それが必要であったことについて丁寧に説明してから，データ使用について同意を得る手続きが必要とされる。これを**デブリーフィング（debriefing）**という。事前，あるいは事後に同意を得る手続きは，通常は文書による（図8-1）。関西学院大学では，同意書には同意内容を明

事前説明では個人情報の扱いや，調査への参加の自由についての説明を丁寧に行なう

実験参加同意書（研究者保存）

質問紙実験ご協力のお願い

関西学院大学文学部総合心理科学科
研究責任者：三浦麻子（＊＊＊@kwansei.ac.jp）
実験実施者：○○○○（＊＊＊@kwansei.ac.jp）

　私たち関西学院大学文学部三浦研究室は，現在，単語知覚と状況判断について研究しています。その一環として質問紙を利用した実験へのご協力をお願いしております。お忙しいところ誠に恐縮ですが，ご協力をお願いいたします。まず，下記の実験倫理に関する注意事項をお読みください。注意事項にご同意いただけた方は，実験参加同意書（2枚）にそれぞれサインしてください。同意書と質問紙は別々に管理し，個人情報は保護いたします。

実験倫理に関する注意事項

1. 今日の実験でお願いしたいことは，それぞれ質問紙に書かれた3つの課題を実施することです。実験は説明を含めて30分程度で終了する予定です。
2. この実験への参加は強制されるものではありません。実験参加に同意した後でも，理由の如何を問わず辞退することも自由です。回答するかどうかはあなたの意志で自由に決めることができます。
3. 答えたくない質問がある場合は，その質問を飛ばして次の質問に移ってください。
4. 回答を途中でやめたくなった場合は，すぐにやめていただいてかまいません。
5. 同意しない場合であっても，そのためにあなたが不利益を受けることは一切ありません。
6. 実験の結果は研究目的のみに使用し，統計的に処理します。あなたの回答をそのままの形で公開することはありませんし，個人が特定されることもありません。
7. 個人情報の機密保持は厳守します。調査結果は，鍵付きロッカーに保管するなど厳重に管理します。分析終了後はシュレッダーなどを用いて廃棄処分します。
8. 本実験について知りたいことやご心配な点がございましたら，遠慮なく申し出てください。
9. この実験は，関西学院大学「人を対象とする行動学系研究」による倫理審査を受け，承認を得たうえで実施するものです（受付番号2015-21）。

- -

実験参加同意書

研究責任者
関西学院大学文学部総合心理科学科　　三浦麻子　　殿

　　私は，本実験の参加に先立ち，本実験に関する上記1～9の説明を受け，その内容を理解しましたので，自らの意思により本実験への参加に同意します。同意する証として署名のうえ，本書を提出します。

日付：平成＿＿＿年＿＿＿月＿＿＿日

参加者　学部：＿＿＿＿＿＿＿＿＿＿＿＿＿学部　　学年：＿＿＿＿＿年
　　　　氏名：＿＿＿＿＿＿＿＿＿＿＿＿＿　　　　年齢：＿＿＿＿＿歳
　　　　学籍番号（8桁）：＿＿＿＿＿＿＿＿＿＿＿

図 8-1　研究参加に際する同意書（例）

> ## 大学生の異性交際に関する調査
>
>
> 関西学院大学文学部総合心理科学科
> 三浦麻子ゼミ　4年生　〇〇〇〇
> 連絡先：（＊＊＊@kwansei.ac.jp）
>
>
> ---
> この調査は<u>現在恋人がいる人</u>を対象に，<u>恋人との関係</u>をうかがうものです。
>
> 　本調査は全6ページからなり，回答にはおよそ15分を必要とします。正しい回答や，間違った回答等はありませんので回答の際はあまり考えすぎず，率直に自分の気持ちを回答してください。
>
> 　本調査への参加は自由意思に基づくものであり，調査に参加しないことであなたが不利益を被ることはありません。また回答中に答えたくない質問があったとき，気分が悪くなったときなどはいつでも回答を中断，もしくは中止してください。
>
> 　回答いただいたデータはすべて統計的に処理いたしますので，個人を特定する情報が公になることは一切ありません。データは分析をした後，完全に破棄いたします。
>
> ---
> 上記の内容に同意していただける方は，以下の項目を記入し，次のページからの質問に回答してください。

図 8-2　調査票表紙に記載した事前説明（例）

記し，事後のトラブル防止のため，対象者にも同意書の写しを渡すか，同意書を2部作成して研究者と対象者で1部ずつ保管することが求められている。

　事前説明において重要なのは，対象者に途中離脱の自由を保障することである。実験であれば，申し出があればすぐに中断すること，それにより対象者が不利益を被ることはないことを明確に説明する必要がある。調査であれば，通常は質問票の表紙（Webを利用したインターネット調査であれば冒頭の画面）に，答えたくない質問には答えずに先に進んだり，途中で協力をやめてもよいことを明記しておく（図8-2）。

4 節　個人情報・データの保護

　心理学研究の実施は，参加者の個人情報に接する機会になりやすいが，当然研究上知り得たそれらの情報については秘密を守らなければならない。参加者の同意を得ずに，当該研究以外の研究を含めた他の目的に使ってはならない。もし，インフォームド・コンセントで説明し，同意を得たとしても，その範囲を超えて利用をしたいということになれば，改めて参加者の同意を得る必要がある。

　データを保管する際も，個人が特定できる情報のセキュリティはより厳格に確保し，さらに，個人情報以外の情報と容易に紐づけできないような工夫をするべきである。たとえば実験参加者や調査回答者の実名を把握していたとしても，分析対象とするデータでは ID 番号を振るなどして記号化・匿名化したうえで，実名と ID を紐づけることができる資料とは分離して保管するようにする。また，個人情報がなくとも具体的な測定内容からそれが類推できる場合もあるので，必要がないかぎりは統計処理されたデータのみを報告するようにし，個別データに仔細にわたり言及するようなことはしない。研究が終了し，一定期間をおいてデータを破棄する際も，個人情報の流出を防ぐ細心の注意が必要である。

　また，以前と比べると，インターネットのソーシャルメディアなど，個人がふと思いついたことを発言するのに適している一方で，高い記録性と情報伝播性をも兼ね備えた場が格段に増えていることにも注意したほうがよい。そのような場で「今日の実験にこんな参加者が来た」と実験参加者の特徴を何気なくつぶやくだけでも個人情報の漏洩にあたる場合もある。たとえ削除しても情報の一人歩きは簡単には止められない。一度漏洩してしまうと取り返しがつかないと考えて，慎重にあたるようにしたい。

5節　成文化されたエシックス

　ここまでにあげたようなエシックスを成文化したものが「倫理綱領」「行動規範」といった文書である。日本あるいは世界の主要学会や専門職団体が，表8-1のような文書を策定・公開している。

　とはいえ「倫理を遵守せよ」というのがただのお題目ではなくなり，何をどのように守るべきかを具体的に明示する試みが行なわれるようになってからの歴史は実はまだ浅い。日本心理学会の倫理規程（第3版・2009年公開）の「刊行にあたって」には「日本心理学会が，具体的に「倫理」に意識を向けるようになったのは，1988年になってからであった。種々の検討を経た後，本学会の倫理規程としては，理念的精神を表した，短い綱領で十分であろうということになった。（中略）今回，倫理委員会の精力的な検討と真摯な努力，および会員をはじめとする諸賢のご協力により，本学会初となる「社団法人日本心理学会倫理規程」が制定されたことは，日本心理学会80年余の歴史上，画期的な成果であるといえよう」とある。そして，44ページにもわたる大部の文書がこれに続く。倫理規程が策定されるまでの心理学者がそれを遵守せずに研究していたと言いたいわけではないが，あくまで理念的なものしか謳われず曖昧であったことは事実であり，領域間，研究者間で差異があったことも想像に難くない。さらに，学会だけではなく，国家的な取り組みも立ち上がったことを紹介しておこう。文部科学省が大学間連携共同教育推進事業として倫理教育のテキスト作成に着手したのである。その成果は，社会科学・行動科学研究

表8-1　学会や専門職団体が策定している倫理綱領や行動規範

- 日本心理学会「公益社団法人日本心理学会　倫理規程」
  http://www.psych.or.jp/publication/rinri_kitei.html
- 日本臨床心理士会「一般社団法人日本臨床心理士会倫理綱領」
  http://www.jsccp.jp/about/pdf/sta_5_rinrikoryo0904.pdf
- アメリカ心理学会 'Ethical Principles of Psychologists and Code of Conduct'
  http://www.apa.org/ethics/code/

における研究実施に際するリスクの評価やインフォームド・コンセントのあり方，インターネットの研究利用などに関するWeb教材として公開されている（https://www.aprin.or.jp/）。規程を定め，それに違反した不正行為を取り締まるだけでは根本的な解決にならず，そもそも不正行為をさせないための教育が必要である。この教材が，これからの組織的な倫理教育の標準的なテキストとなるだろう。少なくとも現状では，皆さんが教えを乞う大学教員の中で，研究倫理について体系的な教育を受けた経験をもつ者はごくわずかであり，今まさにそれを獲得しようとしている途上にある。これから心理学を始めようとする皆さんが，具体的なエシックスをふまえたうえで心理学研究法を習得する第一世代となるだろう。

6節　倫理審査

では，さまざまな心理学研究がこうした倫理規程を遵守して行なわれているという保証はどこにあるのだろうか。現在の心理学研究は，当該研究を実施する研究者が所属する研究機関（たとえば，大学）において，あらかじめ実施計画に関する詳細がこの倫理規程を満たす適切な内容であるかどうかの審査を受け，認められたもののみが実施できる，というシステムが整えられている。これを**倫理審査**という。審査を行なう委員会のことを英語でinstitutional review boardということから**IRB**とも称される。

こうした審査による承認を受けなかった研究が完全に抑止されているわけではないが，ほとんどの学術誌は承認を論文投稿の条件としている。たとえば，筆者が所属する関西学院大学には「人を対象とする行動学系研究」倫理規程（http://www.kwansei.ac.jp/kenkyu/kenkyu_010137.html）があり，人を対象とする行動学系研究を行なう際に遵守すべき基本的な倫理事項が成文化されている。医学系研究については「人を対象とする医学系研究」倫理規程，ヒトゲノム・遺伝子解析研究については「ヒトゲノム・遺伝子解析研究安全倫理管理規程」が，そして動物を対象とする研究については「動物実験管理規程」が，それぞれ定められている（いずれも2017年現在）。動物を用いない心理学研究

表 8-2 倫理審査の要説明事項（関西学院大学の事例）

目的
　研究対象者および対象者の選定
　方法・実施場所・実施期間
　実施に伴うリスクとその対応
　倫理上の配慮，および同意の方法
　個人情報の保護および研究成果の公開
　特記事項（共同研究の場合の業務分担等）

は，「人を対象とする行動学系研究」に則った審査を受け，修正要求や指摘があれば誠実に対応し，承認が下りてはじめて研究に着手できる。つまり，倫理審査により，ある研究の手続きは，着手される前にその全体が第三者の確認を受け，透明化される。研究機関は，所属する研究者の研究活動を「監視」するのと同時に，研究実施に際して発生する問題について共同責任をもち，研究活動を「保護」する役割も担うことになる。具体的には，表 8-2 のような事項について詳しく説明することが求められる（2017 年 3 月現在）。

　心理学は，「心のはたらき」を科学的に探究する学問であるからこそ，手がかりを求めてそこに介入することと，それを保護することの両方が求められ，だからこそ倫理的な問題も発生しやすい。一方で，研究者の心の中では，時としてどちらをどう重んじるべきかのジレンマが発生するかもしれない。しかし，優先されるべきはやはり保護である。「なすべきこと」そして「やっていいことと悪いこと」の基準を倫理規程という外的なものに求め，またその判断を外部委員の審査にゆだねる，つまり研究にゴーサインを出す役割を研究者自身ではなく研究機関が担うことで，倫理を遵守した研究であるという担保がなされるわけだ（図 8-3）。

　なお，実験実習や卒論研究など公表を前提とはしない研究活動について，それを前提とするものと同様の倫理審査が必要かどうかは議論が分かれるところだが（関西学院大学では義務化はしていない），だからといってエシックスを軽んじていいわけがない。自分が知りたいことを究明するために他者の心にアプローチすることが，他者の心や身体に少なからず影響をもたらすのだということを常に念頭に置くようにしたい。

2015 年 11 月 4 日

文学部
三浦　麻子　殿

関西学院大学人を対象とする行動学系研究倫理委員会
人を対象とする研究倫理審査部会長

人を対象とする行動学系研究申請の審査結果について（通知）

　標記について，貴殿より提出されました申請について，人を対象とする行動学系研究倫理委員会・人を対象とする研究倫理審査部会における審査の結果を下記のとおり通知いたします。

　　　　受付番号：2015-33
　　　　研究課題：清浄プライミングが道徳判断に及ぼす影響
　　　　　　　　　Schnall, Benton, & Harvey（2008）の直接的追試
　　　　実施期間：2015 年 11 月 10 日 ～ 2018 年 3 月 31 日
　　　　審査結果：承認（研究を承認する）
　　　　備　　考：審査部会からの意見等がある場合は，十分考慮すること。

【参考資料】
1. 人を対象とする行動学系研究　審査報告書
2. 関西学院大学「人を対象とする行動学系研究」倫理規程
3. 関西学院大学「人を対象とする行動学系研究」倫理規程における関西学院大学人を対象とする行動学系研究倫理審査部会に関する内規

以上

図 8-3　倫理審査結果通知書（関西学院大学の事例）

第9章

研究倫理：
研究者として「やってはいけないこと」

前章に続いて本章でも研究倫理について考える。研究プロセスで「やってはいけないこと」すなわちモラル違反に焦点を当てて，特にデータ収集や分析段階に犯してしまいがちな行為を中心に具体的に紹介する。その核心は，研究とは「出したい結果を出す」ための行為ではないにもかかわらず，人間とはそうしたがるものだ，というところにある。

1節　モラルとしての研究倫理

著者は大学教員として，毎年15名ほどのゼミ生を対象として，卒業論文作成に向けた研究指導にあたっている。皆それぞれに一生懸命に自らの問題意識について先行研究など資料にあたりながら検討し，仮説を立て，それを検証するためのデータを収集し，分析する。白衣を着て，少し緊張気味の4年生が実験室のある建物の玄関で参加者を待ってたたずんでいる姿は大学の秋の風物詩

である。しかし，苦労して収集したデータをいざ分析してみると，たいてい「うまく」いかない。あると思った男女差がなかったり，影響はないと思っていた年齢の影響がばっちり見られたりする。そんなとき学生たちはよくこんな台詞を吐く。

「先生…卒論なんですけど，…全然結果が出なかったんです…」

いやいや，結果はそこに出てるじゃない。男女差がないとか，年齢の影響があるとか。それが出た結果であって，あなたが仮説として予想していたのとは異なる結果が得られたことを「結果が出なかった」とは言わないんだよ。と言い聞かせるのが常なのだが，事前の先行研究の読み込みや実験の準備作業，データ収集に熱心に取り組んだ学生ほど落ち込みの程度もひどく，私の説得で曇った表情が晴れることはあまりない。

こうしたエピソードは，卒論生が初学者に毛が生えた程度の経験や知識しかないから生じるのかといえばそうではない。より研究に思い入れの深い，経験を積んだ研究者でも同様に，あるいはむしろそれ以上に「データと自分が立てた仮説の当てはまりが悪い」という意味での「結果が出ない」ことに対して強いショックを受けることがある。自らの設定した仮説が検証されることのみが「結果」だと言わんばかりの態度は，まるで常にタイムの短縮を目指す陸上競技選手や多くのホームランを打とうとする野球選手のようである。「やってはいけない」，モラルに違反する行為が研究者を誘惑するのは，そんなときだ。こうすれば（あるいは，こうしなければ），あなたの思うような結果を「出す」ことができるかもしれませんよ，と。

ここで注目するさまざまなモラル違反行為は，心理学に限らずあらゆる科学的な研究に適用可能な研究不正なのだが，これらの研究不正がやっかいなのは，「そんなことは人としてできな

さまざまな誘惑に自覚的になる

い！」と思わせるような重度のモラル違反ばかりではなく，ついやってしまいがちな，そして問題とも思っていなかったような行為も含まれているからなのである。

2節　研究者が陥るかもしれない「地獄」

　図9-1は，インターネット上で心理学関連の科学記事を数多く書いているサイエンスライターが，ダンテ『神曲』地獄篇のパロディを用いて，心理学研究にありがちな研究不正を表9-1に示す9段階の「地獄」として紹介したものである（Neuroskeptic, 2010）。以下の地獄の世界は漏斗状の大穴をなして地球の中心まで達しており，階層を下に行くにしたがって罪が重くなり，中程（図9-1のⅣとⅤ）を境として比較的軽い罪と重い罪に分けられている。人生の半ばにして暗い森に迷い込んだダンテは，詩人ウェルギリウスに案内されて地獄

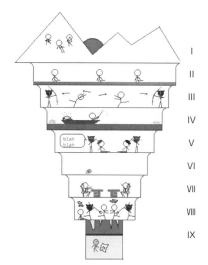

図9-1　科学版地獄篇（Neuroskeptic, 2010）

表9-1　研究不正の「地獄」9段階

Ⅰ	第1地獄：問題のあるやり方を見て見ぬふり
Ⅱ	第2地獄：過大に自分の研究を売り込む
Ⅲ	第3地獄：後づけで話をつくる
Ⅳ	第4地獄：こっそりと望むp値を手に入れる
Ⅴ	第5地獄：外れ値を都合のいいように使う
Ⅵ	第6地獄：剽窃・盗作
Ⅶ	第7地獄：都合の悪いデータを公開しない
Ⅷ	第8地獄：都合のよいデータだけを選んで公開する
Ⅸ	第9地獄：データの捏造

の門をくぐって地獄の底にまで降り，死後の罰を受ける罪人たちの間を遍歴していく。

『神曲』においてダンテは地獄のみならず煉獄や天国などあらゆる彼岸の世界をめぐるのだが，ここですべての地獄めぐりをするのはやめにしておく。重罪，つまり第 5 地獄以降の研究不正は，得られたデータをありのままに公表するのではなく，一部だけを使ったり，直接手を加えたり，果てはないものをつくり出したりするのだから，データそのものを故意に加工する行為である。これらはわざわざ説明せずとも明らかに「やってはいけない」ことだろう。むしろ重要なのは，第 3 地獄「後づけで話をつくる」と第 4 地獄「こっそりと望む p 値を手に入れる」のように，比較的軽い研究不正，データ収集や分析段階でついやってしまいがちな，そして多くの研究者が罪だとも思っていなかったかもしれないような行為のほうである。これらは総称して**問題のある研究実践** (questionable research practices：QRPs) と呼ばれている。

3 節　仮説の後づけ (HARKing)

第 3 地獄に描かれている QRP は，**仮説の後づけ**である。Hypothesizing After the Results are Known（結果がわかった後に仮説を立てる）の頭文字をとって **HARKing**（ハーキング）と呼ばれている。研究を実施してデータを集め，分析した後に，検証しようとする仮説を決めようというのだから，データが支持する仮説を簡単に立てられるに決まっている。心理学研究の多くは仮説検証的なスタイルで行なわれている。つまり，まず仮説ありきで，研究はその仮説を検証するために計画・実施されるものだから，本来，仮説の後づけはまさに本末転倒なのだ。

しかし，データ分析から得られた結果を眺める研究者は，特に，それが検証するはずだった仮説を支持しないものだった場合に，「なぜこんな結果が得られたのだろうか」をあれこれと考えることになる。それ自体に問題があるわけではない。しかし，「結果を見て改めて考えてみると，仮説として想定していたのとは異なる別のメカニズムがはたらいたのかもしれない」というアイデ

アを採用し，さも最初から（つまり，当該結果の得られた実験を計画する前から）そう考えていたかのようにストーリーをつくり直してしまう行為が起こりうるのである。これが仮説の後づけで，そうなると立派なQRPである。人間が陥りやすい認知的バイアスの一つ，物事が起きてからそれが予測可能だったと考える**後知恵バイアス（hindsight bias）**傾向もこうしたQRPに肩を貸している。なお，想定した仮説とは別のメカニズムがはたらいたと考えられる際は，そのメカニズムを仮説として検証するための新たな研究を実施しなくてはならない。

逆に，仮説を支持する結果が得られた場合は，当然そこにもありうるはずの，仮説とは異なる立場からの解釈可能性を考えることはあまりなされず，「たまたま出た」だけで本当は意味がない結果，つまり**偽陽性（false-positive）**を疑うことも少ない。これには，仮説や信念を検証する際にそれを支持する情報ばかりを集め，反証する情報を無視または集めようとしない**確証バイアス（confirmation bias）**傾向がかかわっているだろう。かくして，設定された仮説が首尾よく検証されました，という研究論文が数多く公刊されることになるが，それが本当にそうだといえるのかを第三者が検証する手がかりは（少なくともこれまでは）ほとんどなかった。

4節　p値ハッキング（p-hacking）

第4地獄のQRPは，**p値ハッキング（p-hacking）**という言葉でよく語られる。これは「得られた」データの分析結果を解釈する時点で行なわれる仮説の後づけよりやや罪が重い行為である。なぜなら，どのようなデータを「得られたことにする」かをこっそり操作するからである。改変や捏造や部分的使用ではないにせよ，データに手をつけている。

「ハッキング」はコンピュータ内部のデータやWebサイトの改変などが不法に行なわれた場合によく使われる言葉だが，ここで不法侵入を受け，改変されてしまう対象がp値である。第7章で説明したとおり，p値は第1種の過誤（誤って「差がある」と結論づけてしまうこと；偽陽性）の可能性を示す値で，

データ分析の結果が統計的に有意かどうかを判断する際の基準値として用いられる。心理学でよく設定される仮説は，ある条件 A と別の条件 B で得られた統計量の間に差があること，ある変数 X と別の変数 Y に相関があること，あるいはそこに X が原因で Y が変化するという因果関係があることなどを想定するものだが，それらが存在しないという帰無仮説を棄却する基準（有意水準）と実際に得られた p 値の大小関係から仮説検証の結果は導き出される。心理学では多くの場合に有意水準を 5% に設定するので，p 値が 0.05 を下回らなければ，仮説は支持されなかったという結論を下すことになる。この手続きをはき違えると「p 値が 0.05 を下回る結果さえ得られればよい」という考えに行き着く。この考えを実践し，p 値を有意水準未満に導く行為が p 値ハッキングである。

　p 値ハッキングが行なわれがちなのは，当初想定した十分な数のデータをとった時点で分析をしてみると「仮説が支持されたと断言はできないが，まったく支持されなかったと言うのもどうかと思うような微妙な結果」，つまり p 値が 0.05 をわずかに上回るような結果が得られた場合である。こういう結果を報告すると，こんな「アドバイス」をくれる指導教員や先輩がいるかもしれない。

　　「じゃあ，もうちょっとデータ足してみたら？」

　データを足すこと自体に問題があるとはいえないが，その目的が「仮説が支持された」という確証を得るためであれば問題である。アドバイスを得た学生が，データを 1 人分足しては検定をし，また足しては検定し，を繰り返したあげく，ある時点で p 値が 0.05 を下回ったとしよう。そのとき学生はどうするだろう。ここでデータ収集を打ち切ってしまえば，

　　「追加で 5 人参加してもらったらちゃんと有意になりました！」
　　「おおそうか，よかったよかった。やっと論文が書けるな！」

となる。p 値が 0.05 を下回るケースがたった一度生じただけなのに。それを安

定した結果であると見なしてかまわないのか。冷静であれば「まぐれ当たり」かもしれないと考えられるかもしれないが，確証バイアスがはたらくとそうはならない。これがまさしくp値ハッキングである。他にも，似たような状況で，

　「これは，全体としては有意差が見られなくても，参加者のパーソナリティによっては差があったりするんじゃないか？」

という「アドバイス」もありがちだ。これもその影響を検討すること自体に問題があるとはいえないが，その目的が「仮説が支持された」という確証を得るためであれば問題である。仮説として想定していたわけではないが，参加者のパーソナリティに関するデータを同時にとっておいて，その影響を加味した分析をすると，

　「外向性による違いはなかったんですが，誠実性が高いと差がありました！」
　「おおそうか，よかったよかった。やっと論文が書けるな！」

となる。「差を出す」と褒められるのだ。こうなるとひょっとすると，最初から誠実性がかかわると想定していたことにして，論文を仮説のところから書き換えるかもしれない。最初からわかっている風に装ったほうがかっこいいじゃないか。しかし，これはp値ハッキングと仮説の後づけが華麗にタッグを組んだ見事な QRP である。

　こうした行為の何がいけないかといえば，手にしたデータに含まれる変数間の関係について，事後の研究者の裁量で，当初の仮説と一致しない分析の組み合わせをいくつも試していることである。分析の数が増えれば増えるほど，「偶然」有意水準を下回るp値が得られる可能性は高まる。シモンズらのシミュレーション（Simmons, Nelson, & Simonsohn, 2011）によれば，こうした行為によって，少なくともなんらかの分析で有意差が見つかる可能性，つまり第1種の過誤が生じる可能性は，当初設定した5%を大きく上回る約61%に達してしまうという（表9-2）。「p値が0.05を下回る結果さえ得られればよい」という思いがかえってp値を高めてしまうという矛盾した現象を招いているのに，見

表 9-2 偽陽性の有意差を得る確率（池田・平石，2016）

研究者の自由度	$p<.05$
状況 A：2種類の従属変数を分析（$r = .5$）	9.5%
状況 B：有意差が出なかった場合，各条件ごとに10回の観察を追加していく	7.7%
状況 C：性別の主効果か性別×操作の交互作用を共変量としてコントロール	11.7%
状況 D：3条件を測定するも，2条件のペアの結果しか報告しない	12.6%
A と B を組み合わせた場合	14.4%
A と B と C を組み合わせた場合	30.9%
A と B と C と D を組み合わせた場合	60.7%

た目をごまかすことはできてしまうのだから「たちが悪い」のである。

5 節　蔓延する QRPs

　統計的手法を使ったデータの検証は，それ自体が客観性を謳うものであるだけに，「結果」のみが開示されると，データそのものや分析プロセスに誤りや嘘が紛れ込んだ場合やっかいである。「あらかじめ設定した仮説を，設定した枠組みで収集したデータを用いて，設定した枠組みで分析することによって検証する」という枠を越えて，「出したい結果を出す」ために統計を隠れ蓑に使うのではまったく本末転倒である。特に本章では，明らかな不正行為ではないが，いかにもやってしまいがちな「やってはいけない」モラル違反が存在することに焦点を当てた。「仮説を立て，それを検証するために研究を実施する」という手続きそのものの中に，研究者の心理と行動にもたらす（負の）影響が潜んでいることに自覚的になる必要がある。

　しかし，その一方で，先ほどの「アドバイス」の例がありがちだと述べたように，この p 値ハッキングは心理学界に蔓延しているという指摘がある。ジョンらは，5,964名の心理学者を対象とした p 値ハッキングを含む研究実践にかかわる匿名調査を行なっている（John, Loewenstein, & Prelec, 2012）。社会的望ましさを考えて「そんなことはしていない」という回答が多くなることは容

表 9-3　各 QRP に関する自己告白率と弁明可能性（池田・平石，2016）

QRPs	自己告白率(%)	弁明可能性
1. 従属変数を選択的に報告	66.5	1.84
2. 結果が有意かどうかを見てからさらにデータを採る	58.0	1.79
3. 実験条件の選択的報告	27.4	1.77
4. 望む結果が出たので予定より早くデータ取得を終了	22.5	1.76
5. p 値を「切り捨て」て報告（例：5.4%を5%に）	23.3	1.68
6. うまくいった研究だけを選択的に報告	50.0	1.66
7. データ除外の影響を見てから除外するかどうかを決定	43.4	1.61
8. 予想していなかった結果を，予測していたかのように報告	35.0	1.50
9. 実際は不確かなのに，性別など人口統計学的変数によって結果は影響されないと報告	4.5	1.32
10. データの改竄	1.7	0.16

易に予想されるので，匿名性を保証しながら真実を話すことに誘因を設ける工夫がなされていた。回収率は 36% と決して高いとはいえないものだったが，その結果によれば，少なからぬ研究者が「出したい結果を出す」ための行為をしていたという。たとえば，「結果が有意かどうかを見てからさらにデータを採」った経験をもつ研究者は 58.0%，「従属変数を選択的に報告」したことのある研究者は 66.5% に達していた（表 9-3）。さらに，弁明可能性（その QRP を行なうことに問題ないかどうかを弁明できるかどうかを，0 = 弁明できない，1 = おそらくできる，2 = できる，で回答させている）の値を見ると，重罪に相当する，「データの改竄」以外は「問題ない」という認識が広がっていることがわかる。また，こうした研究者が多いのは認知，神経科学，社会領域で，さらには行動指標を用いた実験室実験を用いる場合に多く行なわれがちであることも示された。つまり，現状では心理学界に p 値ハッキングがごく普通の研究行為として普及してしまっていると言わざるをえない状況がある。

　「出したい結果を出す」ための行為が蔓延してしまったのは，おそらく長年にわたり，「すべき」と考えていても「できない」と判断せざるをえない状況があったところに原因がある。それは**出版バイアス（publication bias）**である。出版バイアスとは，否定的な結果が出た研究は肯定的な結果が出た研究に

比べて掲載されにくいという傾向のことである。ここでいう否定／肯定というのは仮説に対するもので,「仮説として設定したような関係は存在しなかった」と主張する論文は掲載されにくい。何かが存在しないことの証明は悪魔の証明ともいわれ,不可能だということも影響するのだろうが,かといって心理学研究の知見は「存在する」ことを示すデータがただ1つあるだけで存在が確約されるわけではない。にもかかわらず否定的な結果は掲載されにくく,掲載されにくいからという理由で研究者たちはそれを公開することなく,デスクの引き出しの中に仕舞い込んでしまう。これが**「お蔵入り」問題**（file drawer problem）である。

しかしこれは典型的な社会的ジレンマ状況である。社会的ジレンマ状況とは,協力か非協力かどちらかを選択できる状況において,それぞれの人にとっては非協力を選択するほうが望ましい結果が得られるが,全員が非協力を選択した場合の結果は,全員が協力を選択した場合の結果よりも全体として悪いものになる,という状況である。研究場面でいえば,研究者個人は仮説を否定する結果を出さないことで論文不掲載の憂き目に遭わずにすむが,学界に仮説を肯定する結果ばかりが蓄積されてしまうことは科学が本来追究すべき真実を覆い隠してしまうことにつながる危険性がある,というわけだ。

われわれはこうした誘惑にどうすれば抵抗できるのだろうか。第8章で述べたとおり,エシックスの遵守のためには倫理審査システムの整備と事前申請・承認の義務化という方策がとられている。では,モラル違反を抑止するためには,悪意に基づく重罪を取り締まる以外に,どういった方策が考えられるだろうか。第10章では,その方策について解説し,心理学研究の信頼性を確保するための取り組みを紹介する。

研究倫理：
モラル違反を抑止するシステム

　本章では，第8章で学んだ「なすべきこと」と，第9章で学んだ「やってはいけないこと」をふまえて，心理学研究の実施に際して研究者がモラルを守りやすく，また違反しにくくなるようにするためのシステムについて紹介する。一つは材料や手続き，データを公開する制度で，もう一つは研究計画の事前登録制度である。研究に際してなぜ一定のモラルを遵守する必要があるかといえば，もちろん「人として」そうするべきだからなのだが，それと同時に重要なのは，「科学として」そうあるべきだからである。モラルに抵触するような行為が研究の中に塗り込められてしまうと，第三者が発見することは難しい。しかしそれがもたらす研究の歪みは，再現性の低下というかたちで露見する。ある1人の不心得者がやってしまった，ではすまされない，心理学界全体に，しかも将来にわたる影響を与える問題となってしまう。近年活発になりつつある，科学としての信頼性を守るための学界ぐるみの取り組みについて知っていただきたい。

1節　研究結果の再現可能性

　2014年初頭，ある「科学的発見」が世間を騒がせたことをご記憶だろうか。権威ある学術誌 'Nature' に発表された，哺乳類の体細胞に外部から刺激を与えるだけで，未分化で多能性を有するSTAP細胞に変化する，という知見を示す2本の論文は，これまでの生物学の常識を覆すものであり，今後の再生医療への大きな貢献を予感させ，論文の第一著者が科学者には比較的まれな属性（若い女性）だったこともあって，大きな話題となった。しかし，この話題が長く尾を引くことになったのは，その成果の素晴らしさによってではなく，この発見が真実ではないのではないか，また，「STAP細胞は存在する」という結論ありきで進められた研究プロセスに，故意の捏造や改ざんがあったのではないかという疑惑としてであった。結局この「科学的発見」は，理化学研究所によって研究プロセスに改ざんと捏造があると認定され，著者ら自身が「STAP現象全体の整合性を疑念なく語ることは現在困難」であるとのコメントを発表して，論文が撤回されるという結末にいたった（図10-1）。

　この「STAP細胞問題」は，研究結果は果たして信頼するに足るものなのかという疑念に端を発しているわけだが，これがはらんでいる問題は大きく分けて2つある。一つは，'Nature' に掲載された論文にどれだけの研究不正があったのかというモラル違反の問題であり，もう一つは，その論文に書かれている方法で，第三者がSTAP細胞作製を再現することができるのか，という **再現可能性（reproducibility）** の問題である。この2つの問題は，前

■小保方氏らの論文を撤回

　STAP細胞論文の筆頭著者で，早稲田大の大学院生だった小保方晴子・理化学研究所元研究員らが執筆した論文が撤回されたと，英科学誌ネイチャーの関連誌電子版で25日発表された。論文は2011年6月30日付で掲載されていた。記載されたグラフに不自然な点があったが，元データが確認できず，信頼性を示せなかったためという。

　論文はSTAP細胞とは関係がなく，マウスに細胞シートを移植する方法を示す内容。東京女子医大の岡野光夫・日本再生医療学会前理事長ら3人が共同著者になっている。小保方氏以外の3人から撤回の申し出があったが，小保方氏とは連絡がとれなかったという。

図10-1　論文撤回を報じる新聞記事（朝日新聞東京本社 2016年2月27日付）

者は研究倫理の問題で著者本人に帰されるべきものであるのに対して，後者は純粋に科学の問題である。論文にモラル違反がなくても，再現することができなければ，その論文に科学としての価値はない。モラル違反が見つかったならば，その時点で，再現性の有無には関係なく，非難や制裁の対象になる。仮に再現することができたとしても，だからといって発見されたモラル違反が許されるわけではない。第三者による同じ手続きで再現できなければ，論文になんらかの欠陥があることになる。その欠陥がモラル違反に起因するものである可能性が生じるが，モラル違反以外の理由で再現できない可能性も残る。

　研究結果の再現性のなさはモラル違反に起因する可能性があり，また，モラル違反があった時点で，得られた（とされる）結果に再現性があろうがなかろうが，当該の研究は無価値だと見なされる。両者は本来的には別々の問題だが，「この論文に書いてあること，なんだかおかしいんじゃないか？」という疑念から同時にわき上がってくるものであり，モラル違反の抑止にも再現可能性の検証にも，後に紹介する2つのシステムを整備することが有効であると考えられる。

2 節　心理学界で起こった問題

　前節では生物学界における STAP 細胞問題を例にあげたが，これは対岸の火事ではない。心理学もまた，同様の問題を抱えている。というよりも，ほぼ同時期に同様の問題が噴出していたのである。本節ではその経緯を，科学研究が本来的に強くもつ指向性に，心理学の方法論的な問題を関連づけながら紹介する。

　序章や第1章で述べたとおり，心理学は，経験科学的なアプローチによって「心のはたらき」の法則性を科学的に探究する学問である。その主軸となるのは，外部から観察可能な行動を内的な心理状態の現われと見なす行動主義的な考え方と，母集団に関する仮説を標本から得た情報に基づいて検証する統計的検定（第7章参照）の2つの方法論である。ここで注意しなければならないのは，統計的検定のロジックには，常に2つの「誤りの可能性」が存在するとい

うことである。一つは偽陽性（第1種の過誤）で，たとえば，誤って「差がある」と結論づけてしまうことである。もう一つは偽陰性（第2種の過誤）で，たとえば，誤って「差がない」と結論づけてしまうことである。つまり，ある知見の正しさを1つの研究から得られた結果のみに基づいて主張するのは非常に危うい行為で，その結果の信頼性を評価するためには，同じ刺激や手続きを用いて別のサンプルを対象として実施する追試（直接的追試）を積み重ねることが必須である。

　しかし，新しくユニークな発見を目指そうとする強い推進力に比べると，学問領域としての地歩を固めるための知見の再現可能性検証の試みは軽視されてきた。これは心理学がまだ学問としては「若い」時期にあるからかもしれない（第1章参照）。とはいえ，新規性の高い研究を追い求めることは，諸刃の剣である。心理学の研究成果は，「人間とは何か」「人間はどのようにふるまうべきか」という素朴な，そして人生における重要な命題に，いろいろなかたちで一定の解を与えてきた。たとえば，人間が必ずしも常に合理的な思考ができるわけではないことを示す「認知的バイアス」に関する心理学の知見は，それが偏見や差別にすらつながることを実証的研究で明らかにすることによって，直感や思い込みに頼る思考スタイルに警鐘を鳴らしている。さらには，経済学における古典的な人間観（ホモ・エコノミクス；人間は自らの効用を最大にするための経済活動を行なう動物であると見なす）の見直しにつながるような影響力をもち，新たな研究の潮流をつくり出すきっかけともなった。しかしその一方で，心理学研究の信頼性の著しい低下につながるような，あるいはそれを疑わせるような出来事が相次いで起き，その原因の少なからぬ部分は，軽度のモラル違反の可能性を検証しにくい状況と，再現可能性検証の試みを軽視したことにあると考えられる。

　STAP細胞問題と同時期に続けざまに明らかになった，「心理学の科学性」を揺るがすような大きな問題を紹介しよう。まず2011年に，社会的認知研究をリードしていたオランダの社会心理学者スタペル（Stapel, D.）によるデータ捏造の発覚，という重大なモラル違反である。彼は，指導していた大学院生からの告発を受け，過去10年間にわたりデータの捏造と，捏造されたデータによる論文発表を繰り返していたことが明らかになった。捏造したデータに基

図 10-2 「墜ちたスター」として「Nature's 10」に選出されたスタペル [*1]

づく論文は合計 55 本にまでのぼった。これは第 9 章の「科学版地獄篇」（図 9-1）でいえば最下層の大罪である。あまりの量産ぶりは，同年 12 月に 'Nature' の「Nature's 10」——その年に学術界で最も重要な役割を果たした世界の 10 人——に「堕ちたスター」として選出されたほどのインパクトをもっていた（図 10-2）。

ある研究領域のリーディングリサーチャーと目されてきたような研究者による科学的に不適切な行為は，行為それ自体の責任は研究者本人に帰せられるべきものであるとはいえ，再現可能性の検証が（特に，当事者以外の研究者によって）適切になされてこなかったことが，それを長年にわたって看過する一因となったことは否めない。

また，こうしたあからさまなものとは異なるが，前章で述べた軽度のモラル違反を取り沙汰された，心理学研究の信頼性とは何かを考えさせられるきっかけとなった出来事もあった。まず，スタペルによるモラル違反の発覚と時期

第 10 章　研究倫理：モラル違反を抑止するシステム　139

を同じくして，自己知覚理論（人間が自己の心理状態を知る際は，他者のそれを推論する際と同様に，内的手がかりから直接的に感情を経験するよりも，外的手がかりから客観的な観察をとおして知覚する場合が多い）で高名な社会心理学者ベム（Bem, D.）による「超能力」の実証実験論文がトップジャーナル'Journal of Personality and Social Psychology'に掲載された一件である（Bem, 2011）。ベムは，合わせて1,000人以上の参加者を対象とした9つの実験を行ない，「人間には未来予知能力が存在する」という従来の科学の常識とはまったく反する知見を報告した。権威ある学術誌の査読をクリアしたのだから，論文に記載されている分析結果には一定の信頼性があると認められたことになる。しかし，STAP細胞と同様に，未来予知も実在のきわめて疑わしい知見であり，9つの実験を重ねているとはいえ，ベムのもとで得られた知見のみをもって信頼できるとはいえない。それにもかかわらず，早速追試をして，ベムによる知見を再現できなかった研究グループが同誌にその成果を投稿したところ，「追試は掲載しない」として却下されたことが騒ぎを大きくした。つまり，追試の蓄積によって信頼性を検証することの重要性への気づきと，それを研究成果と認めようとしない制度の存在の両方が明らかになったのである。

　さらには，2012年頃から始まった，社会的認知研究の世界的権威であるバージ（Bargh, J.）とノーベル経済学賞受賞者のカーネマン（Kahneman, D.）の間で起こった「社会的プライミング論争」も，高名な心理学者同士が公開の場でやりとりをするという事態に多くの人が注目した。社会的プライミングとは，事前にある概念を活性化させる実験手続きをとると，その影響が後続の認知処理や行動にまで及ぶというもので，人間の思考が，われわれが意識しているもの以外にも（つまり，非意識的に）さまざまなものから影響を受けていることを示すものである。バージの研究チームによる一連の論文がよく知られており，たとえば，第5章でも例にあげた，「事前に「高齢者」に関連する単語を含む文章を作成する課題に回答した参加者は，「高齢者」とは無関係な単語を用いた同じ課題に回答した参加者よりも，実験終了後に廊下を歩く際の歩行速度が遅くなる」といった知見である（Bargh, Chen, & Burrows, 1996）。この社会的プライミング効果の実在にカーネマンが疑念を呈し，公開質問状によってバージに実験の手続きを公開するよう求めた（図10-3）が，バージは半ば感

> From: Daniel Kahneman
> Sent: Wednesday, September 26, 2012 9:32 AM
> Subject: A proposal to deal with questions about priming effects
>
> Dear colleagues,
>
> I write this letter to a collection of people who were described to me (mostly by John Bargh) as students of social priming. There were names on the list that I could not match to an email. Please pass it on to anyone else you think might be relevant.
>
> As all of you know, of course, questions have been raised about the robustness of priming results. The storm of doubts is fed by several sources, including the recent exposure of fraudulent researchers, general concerns with replicability that affect many disciplines, multiple reported failures to replicate salient results in the priming literature, and the growing belief in the existence of a pervasive file drawer problem that undermines two methodological pillars of your field: the preference for conceptual over literal replication and the use of meta-analysis. Objective observers will point out that the problem could well be more severe in your field than in other branches of experimental psychology, because every priming study involves the invention of a new experimental situation.
>
> For all these reasons, right or wrong, your field is now the poster child for doubts about the integrity of psychological research. Your problem is not with the few people who have actively challenged the validity of some priming results. It is with the much larger population of colleagues who in the past accepted your surprising results as facts when they were published. These people have now attached a question mark to the field, and it is your responsibility to remove it.

図 10-3　カーネマンが 'Nature' 誌に送った電子メールの冒頭部分 [*2]

情的な反論をするのみでこれに応じず，議論に決着がつくことはなかった。

こうした2つの事件は，1つの研究に複数の組織の研究者が取り組み，追試の蓄積によって知見の信頼性を高めることの必要性を，われわれに改めて認識させた。しかし，その後実践された組織的な追試プロジェクトの成果は，さらに状況が悪いことを示すものだった。心理学者270名が，3つの主要な国際誌に掲載された研究100件について組織的に再現実験を行なったところ，再現性が確認された研究はそのうち39%にすぎなかったのである（Open Science Collaboration, 2015）。

科学とは何かを厳密に追究する人でなくとも，再現可能性を検証することが「科学が科学たりえる」ための必須条件の一つであることくらいはわかるだろう。それなのにこうした事態が立て続けに生じたのはなぜだろうか。その答えは前述の経緯の中にある。ベムの事件であれば「追試を掲載しない」という学

術誌の判断であり，バージの事件であれば「研究手続きを公開しない」という研究者の判断である。特に前者は，第9章で述べた出版バイアスを学術誌自体がつくり出してしまっている事例である。

3節　システムの整備

こうした状況を鑑みると，エシックスの遵守と同じように，モラル違反の抑止を研究者個人の「良心」に任せているだけでは限界があることがわかるだろう。前章で述べたとおり，研究者たちは社会的ジレンマ状況に陥っているので，自発的改善を望むのは現実的ではない。単に「QRPsを禁止する」と宣言したとしても，目指すべき結果が仮説を支持するものであり続けるならば，研究者は論文公刊を目指してより問題のある行動に手を染める可能性すらあるかもしれない。となれば，必要とされるのは学術誌側の構造的・制度的な変革である。特に主眼となるのは，次の2点である。

1　材料や手続き・データの公開制度

まず，第三者が研究に関する（論文に掲載されている以外の）情報を詳しく知ることができ，研究の信頼性や妥当性を検証できる環境を整えることがある。つまり，研究の**透明性（transparency）**と**開放性（openness）**の確保である。具体的には，研究材料（実験に使った刺激画像，調査票に含めた項目など）や詳細な手続き（実験の教示文や観察した行動を分類する際のカテゴリーとその具体例など），分析方法（変数の作成方法や分析プログラムのスクリプトなど），あるいは収集したデータそのものなどを，誰でも利用できるかたちで公開することによって実現される。学術誌に掲載される論文は紙幅の上限が決まっていて，研究に関する情報をすべて掲載するわけにはいかない場合が多い。そういう場合は**付録（supplementary material）**として公開する。これによって，すぐに再現可能性の検証，あるいは二次分析（研究者本人以外が収集したデータ（二次データ）を用いた分析）やメタ分析（統計的分析のなされた複数の研究を収集し，いろいろな角度からそれらを統合・比較する分析）ができるよう

になる。こうした制度は，インターネット上で論文を公刊する電子ジャーナル（第3章参照）が普及したことによってスムーズに導入できるようになった側面が大きい。日本の主要な電子ジャーナル提供サービスJ-Stage（https://www.jstage.jst.go.jp/）にも，「電子付録」というオプション機能があり，印刷冊子体では提供できない資料であっても論文の付録として公開することができる。

これを義務化している学術誌は国際的に見てもまだ多くはなく，まずそれを推奨しつつ普及を目指している段階である。たとえば 'Psychological Science' 誌では，Open Practices（公開の実践）と題して，Open Data（データの公開），Open Materials（研究材料の公開），Preregistered（事

図 10-4 'Psychological Science' 誌による取り組み

図 10-5 Open Science Framework を利用した研究材料の公開

前登録あり）の3種類を用意して、これらを満たす論文には図10-4のようなバッジをつけてそれを明記している。

　2017年3月現在、日本国内の主要な心理学系の学術誌で、電子ジャーナルを刊行しているものはかなりの数にのぼっているが、「電子付録」機能を活用してこうした公開制度を導入しているものはないようである。つまり、まだこうした実践は研究者の自由意思に任されている状態である。著者はなるべく材料やデータは公開すべきと考えているので、こうした実践をサポートするWebサービスOpen Science Framework（https://osf.io/；なお図10-5はこのリンク先に登録して利用した際の画面である）を利用して個人的に公開したり（図10-5）、広く社会問題にかかわる調査の調査票やデータに限られるが、こうした研究資料を収集・保管し二次利用のために提供する事業（東京大学社会科学研究所附属社会調査・データアーカイブ研究センターによるSSJDA（Social Science Japan Data Archive）（http://csrda.iss.u-tokyo.ac.jp/）に寄託したりしている（図10-6）。

　なお、卒業論文や修士論文などの場合は、紙幅の上限が設定されていることは少ないだろうから、研究材料やデータについてもなるべく本文で詳しく記述するのがよいだろう。しかしそれによっていたずらに紙幅だけが増えて読みにくくなる場合もあるだろうから、適宜付録を活用するとよい。刺激に動画を用

図10-6　SSJDA（Social Science Japan Data Archive）

いた場合などは，Web で参照できるようにするのも一案である。同じ研究室の後輩を思い浮かべて，「この論文さえ読めば，自分の研究をそっくりそのまま追試することができる」ように書くのを目標とすればよい。

2　事前登録制度 (pre-registration system)

　透明性と開放性の確保によって，第三者が研究に関する（論文に掲載されている以外の）情報を詳しく知ることができ，研究の信頼性や妥当性を検証できる環境を整えたとしても，そこに QRPs が含まれており，またそれが出版バイアスをくぐり抜けるために糊塗されていたとしたら意味がない。第 9 章で詳しく述べたとおり，QRPs は研究に着手した後，データ収集から分析へと進めて行く過程で発生しやすいのだから，そこで不正が行なわれないためには，「正」の研究手続きをあらかじめ定めておき，これを第三者に向けて公開することが効果的だと考えられる。これが**事前登録制度 (pre-registration system)** であり，これを出版する側のシステムに取り入れ，なおかつこの時点で審査をする試みが始まっている。これが事前審査つき事前登録制度である。

　事前審査つきの事前登録制度が画期的なのは，これまでの論文は研究が終了してから学術誌に投稿されるものだったのを，データ取得以前に投稿することを求める点である。つまり，研究の目的（論文の序論部分にあたる），取得予定のサンプルサイズ（実験参加者や調査回答者の数），研究計画，統計分析手法など（論文の方法部分にあたる）を投稿し，その内容が審査される。そして，審査を通過した研究は，その内容をタイムスタンプ（登録日時）とともに事前に登録することによって，その時点以降の改編が不可能になるよう「凍結」される。その後実際にデータが収集され，得られた結果がどのようなものであろうと，その報告がそのジャーナルに掲載される。

　つまり，この制度の最大のポイントは，論文掲載基準に事前審査を含めるところである。つまり「仮説が支持されたという結果でなければ掲載されない」という出版バイアスをなくす試みであるというわけだ。研究報告が受理・出版されるかどうかに関する判断基準として，論文の序論・方法部分の適切さを優先させ，それを結果と考察部分にまで波及させないようにすれば，研究者が「仮説を支持する結果が掲載されやすい」という基準に合わせるためにデータや推

論を事後的に補正しようとする積極的な動機を消し去ることができる。出版バイアスがなくなれば，さまざまな QRPs を行なう必然性もなくなり，データ分析とその解釈が人間の認知的バイアスによって歪められる可能性が小さくなるということだ。

　こうした制度は，まず再現可能性検証のための追試研究において積極的に導入されつつある。こうした研究においては，先行研究の材料や手続きをそのまま用いて，その内容を忠実に再現できる直接的追試を実施することが強く求められる。そのため，事前登録において審査されるべき事項に議論の余地がほとんどなく，この制度を導入しやすい。たとえば '*Psychological Science*' 誌は事前審査つき事前登録制度を導入した追試研究プロジェクトに着手しており，ターゲットとする研究を定めて有志による組織的な追試研究を先行研究の著者と密にやりとりをしながら進めるしくみ Registered Replication Reports を導入している。本章でここまでに述べたような経緯があるので，再現可能性の検証には「先行研究の結果は間違っているのではないか」という通常の研究とは逆方向の予期によるバイアスがかかる可能性がある。それを防ぐためにもこうした制度は有効である。

　材料やデータの公開制度と同じく，日本の心理学系学術誌でこの制度を導入したところはまだない（2017 年 3 月現在）。しかし，事前登録については，ただ登録を行なうのみで，それが審査されたり掲載の要件となることはないが，研究者個人が実践することはできる。たとえば小林ら（Kobayashi, Miura, & Inamasu, 2017, in press）は，メディアのプライミング効果（Iyengar, Kinder, Peters, & Krosnick, 1984 の実験 1）の直接的追試の際に前述の Open Science Framework で事前登録を行ない，それに忠実に従った研究を実施して，その旨を明記した論文を投稿し，査読を経て掲載にいたっている（図 10-7）。

　学術誌に事前に研究計画を開示し，審査を受けることが，アイデアの盗用や探索的分析の制約につながるのではないかという危惧もある。しかし前者は倫理審査にも同じことが言え，後者は探索的分析があたかも検証的分析であるかのように語られることを防ぐことが目的なのだから，仮説検証の範囲を事前登録の時点で明示することによって解決できる。もちろん問題が生じないと断言はできないが，現時点で既知の出版バイアスとそれによるモラル違反の多発を

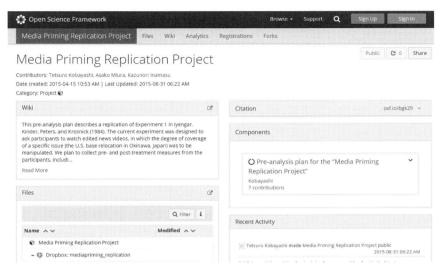

図 10-7　Open Science Framework を利用した事前登録

防ぎたいのであれば，こうした制度的改革は必須であろう。

　なお，卒業論文や修士論文などの場合は，学術誌への掲載の採否に比べれば出版バイアスの影響を受けることは少ないだろう。つまり事前の研究計画に対して誠実であり続けることに対する障壁は少ないのだから，研究計画を綿密に立てることの重要さを自覚し，「仮説どおりの結果を得る」「統計的に有意な結果を得る」ことが研究目的ではないことを強く意識できるはずである。

4 節　心理学研究の「パラダイムシフト」

　本章では，心理学研究に際するモラル違反を抑止する策について，心理学界が現状で直面している問題について触れながら，その概要を述べた。これまでの心理学研究の標準的プロセスに存在していた，研究報告の信頼性を損なう問題が今まさにパラダイムシフトの時期を迎えており，構造的に改革・解決されるべく動き出しているところだということがおわかりいただけたのではないだ

ろうか。もちろん，すべての心理学者が，これまで行なってきた研究手法をすべて改めなければならないという意味ではない。しかし，研究プロセスにおいて何を重視すべきかという視点の転換が，それは科学として当然の営為への回帰なのであるが，必要とされている。

　なお，領域によってもこうした問題の受け止められ方には温度差があり，比較的深刻な問題として認識されているのは本章でも例をあげた社会心理学領域である。領域によっては「そこまでしなくても」という状況かもしれないが，かえって制度導入によって研究の科学性が毀損(きそん)されるという状況は考えにくい。少数個体を対象とする観察研究を主にする領域など，研究知見の再現性を直接的追試によって検証することそのものが困難な場合も多々あろう。さらに言えば，仮説検証を目的としない仮説発見型の研究を否定するものでもない。

　一方で，事前審査つき事前登録制度を導入することの積極的効果が期待できる領域もある。たとえば，ある心理療法の効果を検証する研究など，個々の研究は臨床現場での実践となることからきわめて少数事例に基づかざるをえない場合，この制度を活用して事前にその療法の研究者を募ることで，その療法を多くの研究者が組織的に実践する環境を整えることができる。それによって，個々の研究事例報告に加えて，それらを集約したデータに基づいた効果の頑健性の確認も行なうことができるだろう。

　ある制度の導入がすべてを解決するわけではなく，また制度によって研究に過度の制約が課せられることも好ましくない。研究者個人としては，心理学研究の信頼性を確保するための基盤は一つひとつの研究実践によって構成されるものだということを忘れないようにしたい。

註

＊1　http://www.nature.com/news/365-days-nature-s-10-1.9678
＊2　http://www.nature.com/polopoly_fs/7.6716.1349271308!/suppinfoFile/Kahneman%20Letter.pdf

研究成果の公表：心理学論文の書き方

　なんらかの研究法でデータを収集し，得られたデータを分析したら研究は終わり，というわけではない。リサーチ・クエスチョン（RQ）に対してどのような答えが得られたか，仮説は実証されたか，といった研究によって発見されたさまざまな事実と，それに対する論考をまとめて，他者に伝える必要がある。研究成果をまとめて世に問うために作成する「最終成果物」が論文である。論文をまとめ，なんらかのかたちでそれを公表することは，自らの研究成果を人類の知的財産として歴史に刻む行為である。何を大げさな，と言うかもしれないが，第3章で述べたとおり，科学研究というのは，ある研究テーマについて，先行研究の肩の上によじ登りこれまでより少しでも視界を広げ，これまで築かれてきた学術ピラミッドに新たな知見を積み重ねる行為であり，それはたとえば卒業論文という必修科目の単位を取得するためであっても同様である。論文は，単に既存の研究を紹介するだけのものではないし，単に自分が収集したデータについて記述すればよいわけでもない。その研究がどのような流れに依拠するもので，そこにどのような新たな視点を付け加えようとするものか，そのためにどのようなデータを収集し，それを分析することによって何がわかったのか，分析結果は何を意味しており，研究の流れを今後どう発展・展開させていくものなのか，こうした点を緻密かつ明解に述べる必要がある。

1節　論文のアウトライン

論文は，表題から始まり，大きく分けて8つのセクションからなる。うち本文を構成するのが「問題と目的」「方法」「結果」と「考察」の4セクションである。

1　表題

表題は論文の顔なので，研究テーマをうまく要約した，簡潔かつ魅力的なものになるよう工夫する。思わず読者が目を引かれ，一刻も早くページを繰りたくなるようなものが理想だが，そんな表題をつけるのは簡単なことではない。無難でわかりやすいのは，研究で用いた独立変数と従属変数を明示することだろう。

2　問題と目的（序論）

論文の冒頭では，大きく一般的な視点から，なぜこの研究をするのか，つまり何を問題として，何を目的とする研究なのかについて述べる。ただし，いきなりスケールの大きな話から始めてしまうと，実際に何を研究したのかがなかなか見えてこず，読む側をイライラさせてしまうこともままある。そのため，まず表題をもう少し具体的かつ詳細にしたもの，つまり「私はこういう研究をします」というリサーチ・クエスチョン（RQ）の表明をして，論文の着地点を明確にしてから俯瞰的な視点に移行したほうが説得的な論理展開となることが多い。

このセクションで求められるのは，第3章で解説した先行研究レビューの過程を明解に記述することである。先行研究で得られた知見に

読みやすい論文執筆のために，序論では，リサーチクエスチョンの表明を！

触れながら研究背景について述べ，これまでにどのような点についてはすでに同意が得られていて，どのような点ではそれがまだ得られていないのかを整理する。そして，まだ残されている課題を明らかにし，この研究でその解決のためにどのようなアプローチをとるのかを述べる。最後に改めて論点を整理して，設定したのであれば検証する仮説を提示する。

3　方法

　方法セクションでは，対象者に関する情報，実験に用いた機器・装置や呈示刺激・質問項目など研究で用いた材料に関する情報，そして具体的な研究の実施手続きなどについて記述する。なるべく詳細かつ具体的であることが望ましく，もちろん正確であることが必須である。読者が研究結果の信頼性と妥当性を評価するための，また再現性を確認する（つまり，追試をする）ための手がかりとして十分な情報を含んでいなければならない。

　ただしこうした情報をただ単に羅列すると網羅的である一方でたいへん読みにくくなることがあるので，適宜小見出しを活用したり，実験手続きであればフローチャート（流れ図；図11-1）で示したりするなど，整理されたかたちで

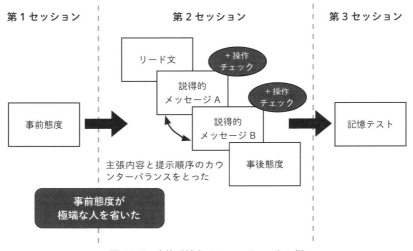

図11-1　実施手続きのフローチャートの例

記述することを心がけよう。卒業論文を書く学生を指導していると，「あらゆる情報を詳しく書かねばならない」と思い込み，「詳しく書いてありさえすればよい」という間違った認識にいたることがよくあることを痛感する。あなたが網羅的だが未整理な記述の意味を汲み取ることができるのは，研究計画を考えた当の本人で，それを誰よりも詳しく知っているからである。あなたの研究計画についてなんら事前知識をもたずに論文を読む読者のことを配慮した記述を心がけよう。

4　結果

　結果では，収集したデータを分析した内容を述べる。「重要度の高い順に並べる」「従属変数ごとにまとめて述べる」など，乱雑な記述にならないように留意する。

　統計分析の結果を書くときは，データの全体像を明らかにする記述統計についてまず述べてから，推測統計（統計的仮説検定）の結果について述べる。よく初心者が犯しがちなミスは，後者の手続きや結果の解釈のほうが自らにとって難解であるがゆえに，それに関する情報（たとえば，有意性の検定結果）を記述することばかりに熱心になって，そもそもその検定の対象となった具体的な測定値を書き忘れることである。推測統計は，サンプルを対象としたデータの記述統計に基づいて，それをより一般的な文脈（母集団）に位置づけた場合に何が言えるのかを分析する手続きなのだから，両方が揃ってはじめて意味をもつのである。統計分析の記述方法については詳細なルールがあるので，それに従う。最も一般的なのはアメリカ心理学会（APA：American Psychological Association）のマニュアルであり，日本語の翻訳も出版されている（アメリカ心理学会，2023）。文章だけでは表現しにくい情報もあるので，図表を効果的に用いる工夫も積極的にすべきである。その詳細は本章 3 節で述べる。

　また，仮説検証を目的とした研究であっても，データを得てから新たに検討すべき点を発見し，それらを探索的に分析する場合もあるだろう。その際は，まず仮説検証に関する分析について述べてから，探索的分析の結果について述べるようにする。

5　考察

　考察(論議あるいは議論(discussion)と称する場合もある)は,得られた結果について,問題と目的セクションで述べたRQとを対応させてどのような意味をもつのかを述べ,仮説を設定したのであればそれが支持されたかどうかを明確にするセクションである。結果と考察を同じセクションで書く場合もよくある。結果と考察が離れていると,「ある結果に基づいて主張できること」を述べる際の論理的な流れが断ち切られてしまうことになりかねない。しかし,両者が小さなまとまりごとに連動していると,研究全体として何が言えるのかという大きな流れが見えにくくなってしまうかもしれない。時に応じてより自然だと思うほうを選択すればよい。

　考察において最も重要なのは,その研究で設定した問題や目的と得られた結果との整合性をとることである。特にあまり長い論文を書いたことのない人は,方法や結果を詳しく記述することに腐心するあまり,自分がどういう目的で研究をスタートさせたのかを忘れてしまったかのような「考察」をすることがままあるので,注意が必要である。この研究で得られた結果と他の研究で得られた結果との類似点と相違点を検討したり,仮説には含まれない予想外の結果について言及するのは,RQや仮説との対応づけをした後である。特に,予想外の結果についての解釈は後づけにならざるをえないから,仮説検証と同等のボリュームで記述するとかえって不自然である。

　この研究で設定したRQについて,得られた結果に基づいて主張できる部分を領域(scope)だとすると,主張できない部分,つまり限界(limitations)に言及しておくことも必要である。そこには方法的な制約が関係する場合が多い。たとえば,女性のデータのみに基づく研究であれば得られた結果に性差があるかどうかはわからないし,質問紙調査を1回実施したデータに基づく結果から因果関係を特定することはできない。限界について言及することは,この研究の今後の展開可能性を示すことにもつながる。当然のことながら,主張できる領域に比べて限界が大きすぎるのは格好が悪い。特に心理学の場合,独立変数と従属変数の間に介在するかもしれない剰余変数はほとんど無限に想定することができるから,ともすれば考察に延々と限界に関する記述が並ぶことになってしまう。主張できる領域も,主張できない限界も,たった一つの研究で

あれもこれもと言及するのではなく，論点を絞り込むことが重要である。

　最後に結論（conclusion）を述べる。これも問題と目的セクションの当初に立ち返ることが必要で，この研究で得られた結果が先行研究をふまえた研究の流れにどのような知見を新たに付加するものなのか，俯瞰的な見地からコメントする。複数の研究を実施した場合など，考察にも多角的な観点が含まれるようであれば，それらを羅列しただけではRQに対する回答がなんなのかわかりにくくなってしまう。こうした場合は，考察とは独立させて結論の節を設けるほうがよいだろう。

　結果の記述が図表も含めて定型的で，ルールさえ把握すればそれほど難しくないのに比べて，考察は定型がなく，一方では論文の質的評価を決定づける重要な部分なので，どう記述すべきか思い悩むことも多いだろう。その悩みを少しでも愉快なものにするためのポイントは，RQや仮説設定にいたる過程に丁寧に取り組むことと，分析過程でデータとじっくり「対話」することである。それぞれの過程で誰か（指導教員や研究仲間）と議論することもよいアイデアを思いつくきっかけとなるかもしれない。何にせよ論文執筆はそれなりの時間のかかる作業だが，この2つに多くの時間を割くことは，むしろ効率的に完成度の高い論文を仕上げる道だといえるだろう。

6　引用文献

　第3章で述べたとおり，心理学をはじめとする科学研究は，ほとんどの場合，なんらかの先行研究を下敷きとして行なわれており，いくつもの関連研究が存在することが多い。どこまでがすでに知られていることで，どこからが当該論文の著者のオリジナルかを明確にするために，オリジナルでない部分には先行研究が引用されなければならない。研究を実施するにあたって下敷きにした先行研究や関連する研究については，本文中で必ず出所を明記し，論文の末尾に引用文献リスト（references）にして示す。この記述にも細かいルールがあり，学問領域によっても異なるし，心理学の中でも学術雑誌によって少しずつ異なる。特に指示があればそのルールに従えばよく，指示がなくともある特定のルールに従って体裁を揃えて記述することが必要である。前述のアメリカ心理学会のマニュアルが参考になるが，日本語の文献に関するルールは含まれていない

ので，日本心理学会（2022）の『執筆・投稿の手びき』などを参考にしよう。

7　要約

　論文が長文にわたる場合は，各セクションの内容を縮約した要約（abstract）をつけるのが一般的である。要約は，研究内容を包括的に，かつ簡潔にまとめた短い文章で，抄録ともいう。自分が研究を探すときを思い出してみればよい。まず表題に興味を引かれて論文をピックアップし，要約の内容いかんで「じゃあちょっと読んでみようか」となるだろう。先ほど表題を論文の顔だと書いたが，要約も魅力的な顔を形づくる重要な要素である。

　学術誌の要約は（本文は日本語であっても）英語で書かれる場合がほとんどで，アメリカ心理学会のマニュアルでは250語以内，日本心理学会では100〜175語という制限が設けられている。後者は日本語であれば400字程度だろうか。この紙幅の中で，研究の概要を知るために重要な事項――研究課題，参加者（人数，性別，年齢など），研究方法（装置や手続き，検査法など），主要な結果，結論――について，(1) 正確な，(2) 簡潔かつ具体的な，(3) 一貫して読みやすい，という3つの要素を備えた文章で報告する。

8　付録

　賢明な読者は，科学論文の内容が信頼に足る妥当なものであるかどうかを確認するためには，単に問題と目的（序論）から考察までのセクションに含まれる文章と図表，そして文中で引用した文献のリストのみで構成するのは実は不十分で，それらを検証するための手がかりとなる資料が提供されるべきだと考えるだろう。つまり付録だが，これを「つけたし」的なニュアンスで受け取らないでいただきたい。自らが手がけた研究の具体的な手続き（実験材料や調査票，観察記録や面接の質問リストなど）や得られたデータは，そうすることが対象者の個人情報保護に差し障らない範囲において，公開するべきである。このことは，第10章で述べた再現可能性の問題とかかわってくる。現状では，学術雑誌により，それを制度として義務化しているところも，そうでないところもあるが，いずれにせよ，いつでも自らの研究内容が第三者によって検証可能であるような環境を整備しておくことも，研究者の義務である。

2節　論文の文章表現

　前節を読んで，心理学の研究論文の大まかな構成と，それぞれで何をどう述べればよいかの概要はつかめただろう。しかし，この本の読者の中には，日記や作文，読書感想文，あるいは短いレポートを書いたことくらいはあっても，科学論文を書いた経験はない，という人も多くいるだろう。そういう人にいきなり「さあ論文を書け」と言ってもどうしたらよいかわからず，戸惑うのは当然である。本節では，そもそも論文とはどのように書くものか，日記や感想文とは根本的に異なる**テクニカル・ライティング**のエッセンスについて概説する。テクニカル・ライティングとは，感情や憶測を交えずに事実を正確に書くことあるいはその方法であり，独創性や創造性が求められるクリエイティブ・ライティングとは根本的に異なる。

1　正確に伝えるために注意すべき点
(1) 学術用語やキーワードの定義を明確にする

　専門的な学術用語やキーワードは，初出箇所でその定義を明確に記述する。専門用語であっても，複数の意味で用いられるものはいくつでもある。たとえば「相互作用（インタラクション）」という言葉は，社会心理学の文脈では人と人が影響を与え合うことや単に会話をすることを指すことが多いが，知覚心理学の文脈では複数の感覚器官（たとえば，視覚と聴覚）が相互に関係をもちながら環境からの情報を処理することを指す。それが論文中で重要な用語であればあるほど，間違いなく情報を伝えるために定義を明示しておく必要がある。

(2) 文学的表現を避ける

　論文に期待されるのは，美しい感動的な文章ではなく，冷静かつ客観的な文章である。レトリック（修辞）を駆使するなどして「凝った表現」を工夫する必要はない。過度に抽象的，あるいは感情的な表現や，大げさな表現も避ける。野球にたとえれば直球一本勝負が望ましく，カーブやシュートなど変化球はむしろ投げないようにする。

(3) 論理的な文章を書く

　論理的な文章の根幹は，主語と述語の関係が明確に示されていることである。日本語は，口語では主語が省略されても相互に了解さえあれば伝わる言語だが，論文では主述関係が明確でなければならない。特に長い文章になると，同じ文章の中に複数の主述関係が入れ子になってしまうことがある。論文は難解なものであるべきだから，必然的に長い文章が増える，と思っているかのような学生が時折見られるが，根本的に間違っている。主述関係がわかりやすい短い文を連鎖させることで論理を畳みかけるほうが，説得的な文章になる。

2　パラグラフ・ライティング

　次に，テクニカル・ライティングにおける段落（パラグラフ）の構成の仕方について解説する。いくつかの文のまとまりを段落（パラグラフ）といい，論文はいくつかの段落の集まりで構成される。段落はそれが全体として一つの意味的なまとまりをもつ文の集まりであり，そのことに強く留意して段落を構成すると，とても明解な論文構成ができあがる。これを**パラグラフ・ライティング**という。以下に，そのルールを示す。

(1) パラグラフを文章の基本ブロックとする

　1つのパラグラフでは限定された1つのトピック（主題あるいは論点）だけを論じ，いくつかのパラグラフを積み上げて一本の論文を構成する。すなわちパラグラフは文章の基本ブロックといえる。単なる文のかたまりとは異なる。

(2) パラグラフにはトピック・センテンスが含まれる

　パラグラフの内容の核心部分を一文で表わした文を**トピック・センテンス**という。英語の場合は，トピック・センテンスは必ずパラグラフの先頭に置くべしとされているが，日本語ではそれでは不自然になることもあるので，必ずしも先頭に置く必要はない。ただし，先頭に置かない場合はどの文がそれかわかるような工夫が必要である。

(3) パラグラフは「見出し」がつけられるようなまとまりである

　論文において，各パラグラフには見出しをつけないのが普通だが，そのパラグラフのもつ意味を強く意識しながら書くためには，トピック・センテンスをさらに凝縮した「見出し」を想定するとよい．

(4) トピック・センテンスと無関係な文はそのパラグラフに含めない

　パラグラフに含まれるトピック・センテンス以外の文をサポート・センテンスという．トピック・センテンスを詳しく解説・補強したり，他のパラグラフとの関連を説明したりといった役割を果たす．各サポート・センテンスはそれぞれトピック・センテンスとのなんらかの関係をもっていなければならない．こうすることで，1パラグラフ1トピックの原則が守られる．

　たとえば図 11-2 に示したような文章が，パラグラフ・ライティングの典型例である．各パラグラフの冒頭に見出しがカッコ書きで記され，続く冒頭文（ゴシック体）がトピック・センテンスになっており，1パラグラフ1トピックの原則も守られていることがわかるだろう．この原則を忠実に守って各パラグラフを構成することによる最大の利点は，トピック・センテンスだけを取り出してつなげて読んでいけば，論文の流れが理解できることである．また，論文を書くときは，まずトピック・センテンスだけを書いていって全体の構成を見通せる骨組みをつくってから，各トピックをパラグラフへと肉付けしていく作業をするとよい．

　きちんとパラグラフ・ライティングを意識して書かれた文章とそうでない文章とでは，文章の構成が，そして質が歴然と異なる．日本では中学や高校でこのトレーニングをしている例が少なく，多くの人はテクニックを身につけぬまま見よう見まねで論文を書いている．論文のように論理性が要求される文章を書く際は，ぜひパラグラフ・ライティングを実践してみよう．ただそれだけで，論文はぐんと書きやすくなり，読者の理解度は大きく増すはずである．この本も極力パラグラフ・ライティングを心がけて書いているのだが，さて，読みやすさやいかに．

(総論)
ナイフを使った，少年による凶悪な傷害事件が多発している。原因は，ナイフを容易に入手できる社会と，少年の未熟でゆがんだ心にある。事態は深刻であり，早急に対策を講じなければならない。まず，ナイフ販売業者は少年への販売を自粛すべきである。また，学校は積極的に生徒の持ち物を検査すべきだ。さらに，家庭は，犯罪を軽んずることのないよう少年を導かなくてはならない。

(現状：傷害事件の凶悪性)
事態は深刻である。中学1年生（13）が女性教諭を刺殺した事件は記憶に新しい。今度は中学3年生（15）が同種のナイフで巡回中の警察官を刺し，強盗殺人未遂，銃刀法違反などの現行犯で逮捕された。少年は「殺害してでも短銃を奪いたくなった」と供述しているという。

(現状：傷害事件の増加)
校内暴力は80年代の「荒れる学校」に続く第二のピークの様相を見せている。発生件数も，年間1万件を超えた。凶悪犯で逮捕・補導される少年も急増している。しかも，非行歴が全くなく初犯で強盗，あるいは殺人未遂というケースも目につく。

(原因1)
第1の原因は，未成年が容易にナイフを入手できる現状にある。少なからぬ少年たちがいつもナイフを身に着けている。それで存在感を示したり，あるいは持っているだけで安心するという。身につけていれば，何かのはずみで使ってしまうことも当然増える。

(原因2)
第2の原因は，少年の未熟でゆがんだ心にある。命を尊ぶ気持ちが希薄になっている。また，自分を抑制する力が弱くなっている。兄弟げんかをしたり地域の仲間にもまれたりする機会が少なくなったせいか，手加減を知らない。残酷なシーンであふれる劇画やアニメ，テレビゲームなどの影響を受けているとも指摘されている。さらに，罪の意識も弱い。ごく普通の家庭の子供たちが万引きや自転車盗などを起こしている。

(対策総論)
社会全体が早急に対策に取り組むべきだ。とくに，ナイフ販売業者と学校，家庭の責任は重い。

(対策1)
第1に，ナイフ販売業者は少年への販売を自粛すべきだ。刃体6センチを超える刃物の携帯は，原則として銃刀法で禁じられている。その禁じられている刃物が，未成年者に野放しで売られているのは問題だ。

(対策2)
第2に，学校は積極的に生徒の持ち物を検査すべきだ。持ち物検査はプライバシーを侵すという反対意見もあるが，事は命にかかわる問題なのだから，プライバシーより優先されるべきである。しかし，管理主義に陥ってはならないし，なぜ持ち物を検査するのか，よく説明することも必要だ。

(対策3)
第3に，家庭が中心に，学校や地域も協力して，犯罪を軽んずることのないよう少年を導くべきだ。命を尊び，自分を抑制することを学ばせなければはならない。また，たとえ軽犯罪であろうと，罪の意識を強く持たせることも大事だ。

(まとめ)
子供たちがここまで歯止めを失い，凶暴化してしまった現実を，社会全体が受け止めなければならない。社会全体で非行の芽を摘み，善悪の区別を説かなければならない。

図11-2 パラグラフ・ライティングされた文章例（ロジカルスキル研究所，1998より作成）

3節　図表

　論文の主体となるのは文章だが，言葉だけではうまく伝わりにくい情報もあり，それを補うのが図表である。論文が何のために書かれるかといえば，研究内容を他者に理解してもらうためなので，わかりやすく簡潔に，かつ正確に伝えるための工夫はいくらしてもしたりないことはない。'Seeing is believing.（百聞は一見にしかず）'ということわざがある。たとえば，表11-1の文章と図11-3の写真を比較していただきたい。表11-1と図11-3は同じもの「ウサギ」を記述しているのだが，文章だけを読めばおそらく「図にすればすぐにわかる」と言いたくなるだろう。ウサギに関する動物学的な論考ならば「写真を見ればわかるだろう」では不十分かもしれないが，一見してウサギだとわかれば十分な文脈であれば，くどくどと文章で説明することの必要性は乏しい。

　心理学の論文執筆にあたって図表による表現を用いるかどうか，用いるとすればどのように表現するかで一番悩むのは分析の結果得られた数値を表現する際であろう。数値は，もちろん文章の中に記載することもできるが，あまりに多くの数値を羅列するとわかりにくくなるので，正確に伝えるためには表のほうが適している場合が多い。たとえば，複数の条件ごとに複数回の測定を行なった場合のデータの特徴（たとえば，平均と標準偏差）を示すならば，行に条件，列に測定回を配置したクロス表にすると読みやすい。では図（グラフ）がどういった場合に適しているかといえば，データが示すなんらかの傾向を直感的に

表11-1　文章による説明

全身が柔らかい体毛で覆われている小型獣である。多くの種の体毛の色彩は，背面は褐色・灰色・黒・白・茶色・赤茶色・ぶち模様などで，腹面は淡褐色や白。他の獣と比しての特徴としては，耳介が大型なことがあげられる。眼は頭部の上部側面にあり広い視野を確保することができ，夜間や薄明薄暮時の活動に適している。前肢よりも後肢が長く，跳躍走に適している。

図11-3　図による説明

理解してもらいたいときだろう。差異であれば棒グラフ，変化であれば折れ線グラフを活用すると，それを端的に表現することができる。

　当然のことながら，同じことでも伝え方が文章・図・表のどれであるかによって受け取る側の印象は異なる。かといってどのような情報はどの形式で伝えるべきという明確なルールがあるわけではない（少なくとも同じ情報を2つ以上の形式で示す必要はない）。論文中の図表は文章から独立した要素であり，つまり目立つので，特に伝えるべき重要な情報を含めるのがよい。結果をありのままに，見やすく伝えられるものが最良で，それがどんなものかは時により判断するしかないが，先行研究を読む中で「これはわかりやすい」と思えるものを真似るのが手っ取り早い。何でも図表にすればよいというわけではなく，特に紙幅に制約がある場合は，特に論文の中で主張すべきものを厳選することも考えたい。タイトルも含めて，本文を参照しなくても図表単独で研究の概要が把握できるのが理想的である。自分自身の研究のことをよく理解していれば，「わかりやすく簡潔に，かつ正確に伝える」ためにどの手段を使うかを適切に選べるはずである。

　図表を作成する際にもう一つ重要なのは，ある論文中では統一されたフォーマットで作成されており，またそのフォーマットが心理学研究において適切と見なしうるものであることである。論文をどこかの学術誌に投稿するのであればその規定に従い，そうでなければアメリカ心理学会のマニュアルや日本心理学会の『執筆・投稿の手びき』など，ある一つの基準に従って作成する。こうしたマニュアルのたぐいは，たいへん細かいところまで決まっており，またそれが厳密には同じというわけではないので，何に従うかで作成ルールの細部は変わってくる。どれが正しくどれが間違いというわけではなく，ある学術誌，ある書籍といった共通の基盤の中で異なるフォーマットが混在していると，単純に読みにくさが増すので，統一されていることが重要なのである。よって，ここで具体例をあげるとかえって混乱を招く可能性があるので，あえてそれはしないでおく。

4節　全体的なチェック

　論文を書き終えたら，誤字脱字がないかどうかはもちろんのこと，全体が統一されたフォーマットで書けているか，同じことを別の用語で表現していないか，などを必ず確認する。論文を書くのは時間を要する作業であり，研究を進行させながら少しずつ書き進めることも多いので，時には何か月もかかることもある。当然その紙幅も大きくなるので，自分ではずっと同じように書き続けているつもりでも，案外そうなっていないこともある。パソコンで書いた論文も，印刷して読み直すと改めて間違いに気がつくこともある。〆切のある論文ならば，最後に全体をチェックし，修正するための時間を十分に（たとえば，少なくとも丸一日くらいは）とるようにしよう。

　著者がかつて在籍していた関西学院大学心理科学研究室では，心理科学実験実習（2年生の必修科目）の受講生全員に「チェックリスト」（付録参照）を配布し，実習レポート提出の際はすべての事項を遵守したものが作成できているかどうかを確認して，レポート本体と合わせて提出することを義務づけていた。こうしたチェックリストを座右に置くことで，ただ流し読みするのではなく，留意すべきポイントに注目しながら読み返すことができる。

［付録］ 心理科学実験実習　レポート作成　チェックリスト

＊関西学院大学心理科学研究室で実際に使用していたチェックリストをもとに作成。

1. レポートの体裁に関する項目

☐　1-1：定められた章で構成されている。

　レポート例にあるように，表紙・要約・目次・本文・引用文献・（必要なら）付録表紙・付録という順序で体裁を整えて提出する。ページ番号は本文と引用文献のみページ下部中央に記載し，表紙や要約，目次のページには記載しない。Word（Microsoft Office）を使って文章を作成する際に，文書の一部だけページ番号を付けるには「セクション区切り」という機能を使う。Googleなどの検索エンジンで「ページ番号 途中から」などと検索すると，解説しているページが見つかる。生成AIを活用するのもよいだろう。付録が複数ページにわたる場合は，本文とは独立したページ番号をつけること。

☐　1-2：表紙に必要事項が正しく記載されている。

　レポート例を参照。レポートの題名・科目名・クラス番号・研究班名・学生番号・氏名を正しく記載する。

☐　1-3：レポートの題目が内容を適切に表わしている。

　レポートのタイトルは非常に重要である。タイトルから内容が正しく推測できるものをつける。中心として扱う現象・効果や，研究の結果として得られた結論を盛り込むとよい。

☐　1-4：用紙の左右上下の余白は 3 cm，1 ページは 35 文字 × 25 行に設定している。

☐　1-5：目次に各章・節・引用文献の開始ページ数，および付録が漏れなく記載されている。

　目次に記載されている各章のページ番号が正しく本文中と対応しているか，提出前にもう一度確認すること。ページ番号を揃える際には，スペースを重ねて調整するよりも，Wordのタブ機能を利用するほうが簡単。使い方をマスターしておくとよい。

2. 文章表記に関する項目

☐　2-1：正しい日本語・レポートにふさわしい文体で記述している。

・会話的な表現は避けて，「である調」のような常体で記述する。
・体言止めや箇条書きは用いない。
・主語・述語の対応に注意する。
・パラグラフライティングを心がける。
・読点と句点は「，と。」「、と。」「，と．」のいずれを用いてもよい（一つのレポートの中では統一する）。
・誤字脱字がないように，提出前によくチェックすること。

☐	2-2：フォントが指定されたものに設定されている。

・本文は明朝体，大・小見出しはゴシック体で，フォントサイズは 10 ～ 12 ポイントに設定する。
・アルファベット・数字は Century または Times New Roman など可読性の高いものを用いる。
・すべての英数字は半角文字で入力する。

☐	2-3：国際単位系（SI）を用いて，数値を正しく表記している。

　日本心理学会「執筆・投稿の手びき」の 3.6.1 項を参照のこと。数値と単位の間には「100 cm」のように半角スペースが必要となる（「%」や「°」（角度）は除く）。

☐	2-4：初出の専門用語には原語表記が並記されている。

　初出時には「探索非対称性（search asymmetry）とは～」のように英語表記を括弧内に記述する。《要約》と本文はセクションが別なので，要約で原語表記を一度記載した場合でも本文中で初めて言及する際にはもう一度書くこと。

3.《要約》に関する項目

☐	3-1：実験・調査の目的をわかりやすく説明している。
☐	3-2：実験・調査の方法をわかりやすく説明している。
☐	3-3：実験・調査の結果を重要なポイントに絞って，わかりやすく説明している。

　すべての結果を説明する必要はないので，特に重要なものに絞って記述する。基本的に統計検定によって支持された結果のみを記載するので「有意な主効果があった」「有意な差があった」などの統計処理・検定に関する表現は用いないで，「○○条件よりも△△条件で反応時間が短かった。」などと具体的に表現する。

☐	3-4：研究から得られた結論を，わかりやすく述べている。
☐	3-5：400 ～ 500 字以内にまとめられている。

4.《序論》に関する項目

☐	4-1：実験や調査で取り扱う研究テーマをわかりやすく説明している。

　「○○効果とは・・・という現象であり，・・・」「・・・において・・・することがある。これは○○と呼ばれており・・・」などと説明する。いきなり専門的な説明を行なうのではなく，日常場面での例の紹介などから始めるのが望ましい。

| □ | 4-2：必要な先行研究を紹介し，正しいフォーマットで引用している。|

　「Ogawa & Sato (2001) は，・・・ということを報告し，この・・・を○○効果とよんだ。」「○○効果については多くの研究が行なわれており，・・・であることが明らかになっている（Ogawa & Sato, 2001)。」などと記載する。引用の仕方については，日本心理学会「執筆・投稿の手びき」の 3.7 節を参照のこと。

| □ | 4-3：研究の目的をわかりやすく説明している。|

　「本研究は○○効果の・・・を明らかにするために行なわれた」「本研究の目的は，・・・を確認することであった」などと記載する。ここで述べる研究目的の意義や重要性を理解してもらうことが《序論》の役割であるので，これまでに紹介した先行研究との対応などを意識して説明するとよい。

| □ | 4-4：実験や調査の概容をわかりやすく説明している。|

　「まず，・・・を行ったあと，○○課題を実施した。」「・・・を行う△△群と，・・・を行う□□群の間で成績を比較した。」「大学生を対象として・・・を測定するための質問紙調査を行い，・・・」のように記述する。詳細については《方法》で述べるので，重要な情報のみを簡潔にまとめる。

| □ | 4-5：仮説や結果の予測についてわかりやすく説明している。|

　ある現象の背後にあるメカニズムやプロセスについて，ありうる説明が仮説である。その仮説をもとに実験計画を立案し，実施した際に，得られると予想される結果について述べるのが結果の予測である。「もし・・・であれば，△△群の課題成績は□□群よりも良いと予測される。」「もし○○仮説が正しければ，・・・と・・・との間に正の相関があると考えられる。」のように記述する。

5.《方法》に関する項目

| □ | 5-1：実験日時・場所・状況（必要に応じて部屋のレイアウト等）を記している。|

　実験の行なわれた時間帯や，実験実施に直接かかわる周囲の状況（例：遮音・遮光の有無など）について記述する。

| □ | 5-2：実験や調査の参加者の人数および，必要な属性が記載されている。|

　人数，年齢（範囲と平均），性別は必須である。その他にも実験結果に影響すると考えられる属性があれば記述する（視力・利き手・色覚異常の有無など）。

| □ | 5-3：実験装置に市販品を利用した場合にはそれらの製造元および装置の名称を記載している。|

　市販品の場合は「液晶ディスプレイ（BENQ 社製　XL2720T）上に刺激を呈示した。」のように装置の製造元および型番を記載する。手製の装置や器具であれば「ペットボトル（350 ml）に直径○ cm の鉄球を□個詰めたものを重りとし，・・・」などと書く。いずれの場合も，読者が同じものを再現できる程度の詳細な記述が必要である。

□ 5-4：実験刺激のサイズ・持続時間などの詳細を具体的な数値や図を示して記載している。

　読者がまったく同じ状況で実験を再現するために必要な情報を漏れなく記述することが重要。できれば，図や写真で提示する。参加者と刺激との位置関係（視距離など）も忘れずに。

□ 5-5：参加者の行った課題および与えた教示の内容を明確に説明している。

　「参加者の課題は・・・に対して，・・・かどうかを判断してボタン押しで反応することであった。」「・・・を口頭で読み上げるよう，参加者に求めた。」など，参加者に何をさせたのか（課題の内容）を具体的に説明する。教示については全文を載せるのではなく，要点だけを記述する。課題によっては，参加者にどのような基準で反応を求めたのか（スピード／正確さのいずれを重視させたのか）も重要な情報になるので説明すること。

□ 5-6：従属変数（指標）として何を用いたのかを記載し，それをどのように測定したのかを説明している。

　「参加者が最初の単語を読み上げてから，すべての単語を読み上げるまでの時間を反応時間とし，ストップウォッチで計測した。」「刺激呈示からボタン押しまでの時間を反応時間として計測した。」などと記載する。

□ 5-7：実験刺激の呈示系列（どのような順序で呈示したか）を明記している。

　刺激呈示の順序についてカウンターバランスやランダマイズを行った場合は，それをどのように決めたのかをわかりやすく説明する。

□ 5-8：「試行」「セッション」「ブロック」などの語句をそれらの定義を明記してから使用している。

　「・・・から・・・までを1試行とし，20試行行った。」などと記述する。一般に，1回の反応測定機会を「1試行」という。「1セッション」は複数回の試行または一定の実験時間から構成され，参加者が実験室から出るか休憩をとる時点をセッションの区切りとすることが多い。また，試行やセッションのまとまりのことを「ブロック」と呼ぶ。

□ 5-9：実験条件や実験群にわかりやすい名称をつけたうえで，詳しく説明している。

　「・・・という本研究の目的を果たすため（・・・という仮説を検証するため），2つの実験条件を設定した。○○条件は，・・・」などと，研究目的とのかかわりがわかるように記載する。条件名は，その内容が理解しやすいように工夫する。場合によっては略号を使ってもよいが，その略号が意味するところをわかりやすく説明すること。（例：「・・・という2群にそれぞれ，P+群，P-群と命名した。いずれの場合もPは事態が予測可能である（predictable）ことを示しており，符号は随伴性の方向（正と負）を示している」）。「第1群，第2群」「A条件，B条件」など，名称から内容が理解できないような設定は避ける。

□ 5-10：試行数や実験の所要時間を具体的に記載している。

　全体（必要に応じてブロックごと）の試行数を示すとともに，実験全体の所要時間についても記述する。参加者によって異なる場合は，おおよその時間で構わない。途中で休憩を取る際には，「○○試行ごとに，△△分間の休憩を取らせた」などと，休憩の間隔と長さについても記載する。必要な場合は，休憩中の状況（例：実験室から一度退出させた）なども記載する。

☐	5-11：データをどのように集計・分析処理を行なうのかについて概容を記載している。

実験の要因計画や分析に使う統計手法，また代表値の算出方法などの概略を説明する。

6.《結果》（文章部分）に関する項目

☐	6-1：本文中に文章で図・表の詳細な説明をしている。

　何を図示したものなのか，縦軸・横軸・エラーバーの説明を行なう（例：「Figure 1 には各群の平均反応時間が示されている。縦軸は反応時間，横軸はセッションを表わしている。エラーバーは標準誤差を示している」）。他ページの図に言及する際には，ページ数を明記すること（例：「Figure 1（15 頁参照）は ‥‥」）。

☐	6-2：図・表から読み取れる概要を説明している。

　図や表のだいたいの内容およびそこから読み取れることを説明する。特に読者に注目してほしい点を指摘するとよい（例：「Figure 1 から明らかに，各群とも反応時間はセッションの経過にともなって単調に増加しているが ‥‥」）。

☐	6-3：どのように統計処理を行なったのか明記し，結果を正しく表記している。

　統計的検定を行なう際には，従属変数および用いた検定法を明記する。そのあとで，検定結果を記述する（例：「各群の平均反応時間について，群(3)×セッション(5) の 2 要因分散分析を行なったところ，群の主効果が有意であった（$F(2, 10) = 8.98, p = .03$）」‥‥）。t 検定の場合は「有意な差」，分散分析の場合は「○○の主効果」「○○と××の交互作用」のように，用いた検定と対応する表記をしなければいけない。

☐	6-4：有意であったかなかったかにかかわらず，すべての統計量，自由度，有意水準を正しい書式で明記している。

　有意でなかった結果についても統計量などを記述する（例：「‥‥が，セッションの主効果は有意ではなかった（$F(4, 10) = 1.35, p = .63$）。一方，群とセッションの交互作用は ‥‥」）。統計値に関する記号（t や p）はイタリックにすること。

☐	6-5：検定結果と図の照合を行なったうえで，示された実験結果がどのように解釈できるかを説明している。

　「群とブロックの交互作用が有意であったことは，Figure 1 において ‥‥ であることと対応している。以上のことから ‥‥ であることが明らかになった」などと記述する。

☐	6-6：収集されたすべてのデータに漏れなく言及している。

　複数の従属変数を測定し，そのうち最も重要なものにのみ分析を行なう場合でも，その理由について説明しなければならない。たとえば，課題の反応時間と誤答率を測定したが，反応時間のみを詳細な分析の対象とする場合には，「平均誤答率はすべての条件で 1% より低かったため，以後の分析の対象から除外した」などと書く。

7.《結果》(図)に関する項目 (日本心理学会「執筆・投稿の手びき」の 3.9 節参照)

☐ 7-1：示されるデータに適した形式で図示されている。

　図示する際の形式（グラフの種類）は，そこで示されるデータと理論的に整合していなければならない。たとえば，非連続的・名義的なカテゴリーを恣意的に横軸に並べ，折れ線グラフで図示するのは間違いである。

☐ 7-2：適切なデザインで作成されている。

　Excel などのアプリケーションが出力する図はそのままでは不適切な箇所が多いので，以下の点に特に注意する。
・どうしてもカラーが必要な場合を除き，白黒で作成すること。
・外枠や背景色は不要なので取り除く。それ以外にも不要な線は消去すること。
・縦軸・横軸の目盛りは軸の外側につけること。
・軸ラベルの文字の大きさを読みやすいように調整すること。
・無意味な装飾（3D 化・シャドウなど）は使用しないこと。

☐ 7-3：通し番号が正しく設定され，キャプションに図が何を表わしているのかを簡潔に説明している。

　エラーバーを付記する場合は，標準偏差・標準誤差・信頼区間のいずれであるかをキャプションおよび本文中に記載すること。たとえば，「Figure 1. 協力条件と競争条件の平均反応時間（エラーバーは標準誤差）。」などと記述する。

☐ 7-4：縦軸・横軸の値および単位が明記され，それぞれ何を示しているかが軸ラベルに表記されている。

　縦軸のラベルを日本語で表記する場合には縦書きとし，英語で表記する場合は下から上に向かって横書きで書く。数値は桁数を揃えること。軸の途中を省略する場合には，そこに波線または斜線を描いて切り取ったことを示すとよい（レポート例を参照）。

☐ 7-5：（必要に応じて）凡例などでそれぞれのデータと条件・群との対応が正しく示されている。

　折れ線グラフでは線種やシンボルを条件ごとに変えることで，読者が理解しやすいグラフを描くことができる。複数のグラフに同じ条件・群のデータを示すときには，条件・群と線種（棒グラフの場合はバーの色・パタン）・シンボルの組み合わせを変えないようにする。

☐ 7-6：本文で最初に言及したページの上部もしくは下部に設置されている。

　図のサイズ（高さ）は，ページ全体の 1/3〜1/4 が目安。スペースなどの理由でやむをえず別ページに設置する場合も，言及した箇所となるべく近いページに掲載する。図だけのページをつくるのは望ましくない。

8.《結果》（表）に関する項目（日本心理学会「執筆・投稿の手びき」の3.8節参照）

☐ 8-1：横罫のみを用い，縦罫を用いていない。

　表中をスペースなどで調整することでわかりやすく表記することを心がける。むやみに罫線を使用せず，必要な罫線のみに絞ったほうがよい。

☐ 8-2：通し番号が正しく設定され，適切なタイトルがつけられている。

　表の基本的な内容が，タイトルから簡単に推測できるのが望ましい。図につけるキャプションと違って，表のタイトルは文章ではないので，句点（。や.）は必要ない。

☐ 8-3：表中の数値は小数点の位置，小数点以下の桁数を揃えている。

　相関係数など数値が理論的に必ず1以下になる場合は，最初の0はつけずに.52のように小数点以下のみを書く。数値以外の項目は左揃えにする。

☐ 8-4：表中の略語・略号・記号を，表の下の表注に記している。

☐ 8-5：表中の統計量の有意水準を＊や†（ダガー）で示し，表注で説明している。

☐ 8-6：本文で最初に言及したページの上部もしくは下部に設置されている。

9.《考察》に関する項目（レポート例を参照）

☐ 9-1：冒頭で《序論》《方法》《結果》を要約している。

　特に得られた実験結果については，《結果》から文章をそのままコピーするのではなく，得られたデータの中から特に重要なもの，《考察》の中で言及するものに重きを置いて記述するとよい。

☐ 9-2：《序論》で述べた仮説・結果の予測が支持されたかどうかを説明している。

　《序論》で書いた仮説や結果の予測が実験・調査の結果によって支持されたかどうかを得られたデータと対応づけながら説明する。なお，《考察》で実験結果に言及するときは原則として検定結果に支持された事実のみを扱うので，「有意な差があったことから…」などと検定に関する表現は用いず，「○○条件の反応時間が△△条件よりも長かったため…」「□□効果が認められたことから…」のように書く。

　さらに，仮説・結果の予測が支持された（あるいは，されなかった）ことが何を意味するのか，そこから言えることや先行研究との比較について述べるとなおよい。

☐ 9-3：実験・調査の方法に問題がなかったかを検討し，（もしあれば）問題点やその解決方法を具体的に指摘している。

　得られたデータや先行研究の結果など具体的な事実に基づいて論を進めること。たとえば予測された結果が得られなかった理由をあげる際に，単に「参加者数が足りなかった」では不十分である。それが真に問題点であると考えるのであれば，同様の実験を行なっている先行研究を示しその参加者数や効果量と比較するなどして，論拠を明らかにして議論しなければならない。

□	9-4：今後の研究の展開について述べている。

　チェック項目9-3と同様に，具体的な事実やデータに基づいて論を進めること。単に「今度○○を××に変えて実験を行なう必要がある」などと書いて終わりにするのではなく，それを行なうことによって何が新たに明らかになるのか，その意義を具体的に指摘するべきである。

10.《引用文献》に関する項目

□	10-1：本文中に引用した文献をすべて《引用文献》に載せ，《引用文献》に載せた文献をすべて本文中に示している。

　レポート中で参照・引用されていない文献・書籍はリストに含めてはいけない。

□	10-2：正しい形式で書誌情報が記載されている。

　学術雑誌の場合は，著者名，刊行年次，標題，雑誌名，巻，ページの順で記載する。インターネット上のリソースを引用した場合にも，正しい形式で記載しなければならない。詳しくは，日本心理学会「執筆・投稿の手びき」の3.10節を参照のこと。

□	10-3：リストの項目が著者のアルファベット順に正しく並べられている。

　日本語文献と欧文文献を分けず，著者の姓のアルファベット順に配列する。共著の場合は第一著者の姓によって配列する。詳しくは，日本心理学会「執筆・投稿の手びき」の見本3.8を参照のこと。

　以上，すべての項目をチェックしたことを確認しましたので，レポートを提出します。

提出日：　　　　年　　　月　　　日

氏名：＿＿＿＿＿＿＿＿＿＿＿＿＿＿

よりよい心理学研究のために

「心理学とは何か」から説き起こして，それを研究する方法についてさまざまな観点から解説し，論じてきた。本書を終えるにあたり，改めて心理学を研究することの意味や意義について考えたい。

1節　「研究」するということ

　研究とは，あらゆる現象の真理や原理を明らかにするために行なわれる知的な行為である。そして，研究とは，なんらかの事実や事象を，根拠をもって明らかにしていく作業でもある。したがって，研究に着手する際には，「自分はこの研究で何を明らかにしようとしているのか」を明確にして臨む必要があるし，研究を終える際には，「自分はこの研究で何を明らかにしたか」が明確になっていなければならない。そして，その過程では「どのような根拠をもって明らかになったと主張できるのか」を明確に示さなければならない。この3つの「明確さ」はどれが欠けても研究としては立ちゆかない。

　この3つの「明確さ」を実現するために必要なのは，「勉強」からの脱皮であろう。勉強と研究の違いは，前者が既存の知識の吸収であるのに対して，後

者は新しい知識の生産につながる行為だという点である。知識を詰め込むだけである程度の結果が出せてしまう勉強とは明らかに異なり，研究では自らがふまえた知識を拡充あるいは洗練させる積極的なアクションが必要とされ，それが成果として問われる。とはいえ，既存の知識に基

研究とは何かをしっかり把握しよう

づかないひとりよがりな研究も望ましくない。両者のバランスがとれた，持続的で粘り強い試みこそが研究である。

2節　よい研究とは何か

では，こうした「研究」という行為を経て得られた成果はどのような基準でその「よさ」を評価されるのだろうか。

1　確実性があること

ある研究によって，対象に関する何か新しいことがわかったとする。別の言い方をすれば，対象について新たな情報が得られたということになる。新たな情報に接したときに誰しも考えるのは，それが本当かどうか，信頼の置けるものかどうかということだろう。しっかりとした論理や実証に則った方法で明らかにされたものかどうか，何度試しても同じ結果が得られるかどうかという確実性が重要である。第2章で述べた，信頼性と妥当性がいずれも高いもの，と言い換えてもよい。確実性を高めるためには，ある研究者が1つの研究の中でいくつもの調査や実験を繰り返すことや，第10章で述べたような透明性と開放性を確保する試みによって他の研究者による追試を歓迎し，それを容易に行なえる環境づくりが有用である。

2 意外性があること

　事実や法則を発見した場合や，解釈が提示された場合，それが意外な，つまりオリジナリティが高いほうが，研究としての価値は高い。特に，心理学研究の対象である人の心は，誰しもが確かにもっているにもかかわらず，わからないものであるだけに，その虚を突かれるような意外性の高い研究知見は高く評価される。意外性を高めるためには，逆説的な言い方になるかもしれないが，第3章で述べたような先行研究の渉猟とそこからの思索を丁寧にすることである。それは，誰も思いつかなかったようなニッチ（隙間）を見つける手がかりになるかもしれない。

3 学術的価値

　この確実性と意外性をあらゆる情報の価値を決める二大要素であるとするのがシャノン（Shannon, C. E.）によって創始された情報理論である。ここでは，市川（2001）に倣って，情報理論による情報の価値の考え方を研究の価値の考え方に応用してみよう。情報理論では，情報とは，われわれの不確実な知識を確実にしてくれるものであり，知識の不確定度がどの程度減ったかをもってその価値（情報量）が決まると考える。たとえば，100本のクジがあり，1本が「あたり」，99本が「はずれ」だったとしよう。まずAが100本のクジから1本を引き，内容を確認せずに持っているとする。この段階で，Aが持っているクジが「あたり」である確率は100分の1である。そこで次にBが99本のクジから1本を引き，内容を確認したところ「はずれ」だったとする。この段階で，Aの持っているクジが「あたり」である確率は99分の1に増大する。つまり，Bが引いたクジは「はずれ」だった，という情報を受け取ることで，Aが「あたり」である不確定度は減少した（確実性は高まった）ことになる。1個のサイコロを1回振った場合なら，ある目（たとえば1）が出る確率は6分の1だが，「奇数が出ている」と教えられれば3分の1になり，不確定度は減少する。投げたコインの表裏であれば，どちらが出たかという情報があればもう一方はありえないので，不確定性はゼロになる。先ほどのクジ引きの例でも，Bのクジが「あたり」だったら，Aのクジは必ず「はずれ」なので，「あたり」である確率はなくなり，不確定性は減少するどころか一気に0になる。このことか

ら，情報の価値は，まれにしか起こりえない現象が起こったことを知ったときに得られる，つまり意外性のある情報であるほど大きくなることがわかる。得られたデータに基づいて事前情報を更新していくというアイデアは，第7章で述べたベイズ統計による仮説検討スタイルとよく似ている。

このようにクジやサイコロ，コインの例では確率の前提となる情報が確実なので，意外性だけが情報の価値を決めることになる。一方，研究知見のように，前提となる情報が確実だとはいえない場合は，その大小も情報の価値を規定する。たとえば「B本人から「私が引いたクジは「あたり」だった」と聞いた」というのと「Bの友人から「Bが「私が引いたクジは「あたり」だった」と言っていた」と聞いた」を比べると，後者は人づてにもたらされた情報であるぶん，前者よりも確実性が低い。確実性が低いと，核となる内容としては同じだが，情報としての価値は低いものになる。

研究という情報の価値も，確実性と意外性に基づいて評価されると考えられる。確実とはいえないがユニークな理論を提案する（確実性は低いが意外性は高い）研究にも，うすうすわかっているようなことを実証的に追認する（確実性は高いが意外性は低い）研究にも，それぞれ一定の意義はある。しかし，研究の方向性としては，確実性と意外性の両方を高めることが期待されている。これは次に述べる社会的価値と対比して考えれば，学術的価値と言い換えることができるだろう。

4　社会的価値

では，研究によって新しいことがわかったとしよう。しかし，どんなことであっても新しくさえあれば，あるいは，これまでどの研究者も注目していなかったことに光を当てたものならば，価値が大きいといえるのだろうか。新しさとは違う評価軸に，実用性（役に立つかどうか）がある。つまり，研究によって得られた知見や理論を応用することで，われわれの生活になんらかの利益がもたらされるのであれば，その研究の意義は増すことになる。実用性の高さとはすなわちその研究の社会的価値を決めるものであるといえるだろう。

心理学で実用性の高い研究というと，すぐフィールド調査や観察のように，実社会の中でデータを収集する応用研究を連想するかもしれないが，実験室内

ですべてが完結するような基礎研究が実用性をもたないとは限らない。臨床や教育，道具や環境の設定などの領域において，実用に結びつくような基礎的知見が求められている。たとえば，人間や動物が経験をとおして行動を変容させていく過程に存在する基本的な原理を探究する学習心理学の知見は，さまざまな問題行動を改善するための行動療法の基礎理論として活用されるなど，応用が進んでいる。また，よく知られたところでは，警察の犯罪捜査において被疑者の「嘘発見」のためにポリグラフ（皮膚電気活動や呼吸，心拍などを同時に測定・記録する装置）が用いられるようになったことがある。これには，人間が意識的にコントロールできない生理反応の特徴に関する生理心理学の知見の蓄積と測定法の洗練が大いに貢献している。

　研究の社会的価値を高めるためには，第5章で述べた研究の生態学的妥当性を常に意識することが重要である。実験室内で完結するものであろうが，フィールドをくまなく探索するものであろうが，あらゆる心理学研究は，人々が生活している現実の中で生じている心理現象に根ざすものである。その本質を損なわないかたちで昇華させる研究が望まれている。

5　学術的価値と社会的価値の両立

　学術的価値と社会的価値の関係には難しいところもある。実用性がある（とされる）研究をありがたがる，あるいは，少なくとも直観的にはそれを見いだしがたいような研究を無駄だと決めつけるような世間の風潮に疑問を投げかける研究者は少なくない。心理学のように社会生活との距離がきわめて近い領域でも，近視眼的に個々の研究レベルで判断されると実用性が見えにくかったり，ごく小さかったりする場合も多い。あるいは，実用性の高さを追究することは，時として意外性発見の足かせとなる場合もあるかもしれない。それでもやはり，あらゆる人間と密接不可分の関係にある「心のはたらき」に関する新たな事実や法則，あるいは解釈を提供する以上は，それがいついかなるかたちであっても実用に付される可能性を想定してしかるべきだろう。

　その一方で，心理学の知見が社会に悪影響を及ぼす可能性についても注意を払い，できるかぎりそれを避ける必要もある。研究者個人の知的関心を追究することが時に反社会的な所産や手続きにつながりかねないことは，第1章で紹

介したミルグラムやジンバルドの研究が如実に表わしている。得られた結果が社会的な差別を助長するものであってはならないし，研究の遂行過程においても倫理的な問題を引き起こさないよう配慮しなければならない。この点については，研究者の自制とともに，第8章で述べた倫理審査が抑制機能を果たすことが期待される。

3節　心理学研究への船出

　素朴心理学（心理学についての知識のない「普通の人」がもつ，心や心理学についての知識や信念）という言葉があるように，多くの人は自らや他者の心のはたらきに関心を抱いており，それをよりよく理解したいと願っている。おそらく読者の皆さんの心理学を学びたい，あるいは研究したいという関心も，多かれ少なかれそういう素朴な思いから発露したものではなかっただろうか。とはいえその関心を「研究」といえるものにまで育てあげるのは，その過程を着実に踏むだけでもそうたやすいことではない。卒業論文や修士論文などといった「駆け出し」の研究は，心理学を学び，それを研究するための技能（スキル）や技術（テクニック）を身につけた証にはなるものの，まだ個人レベルの問題解決を達成するので精一杯かもしれない。しかし，人が一人で生きる存在ではないのと同じように，研究も一人のためではなく，心理学という学問そのものの発展のために，また社会のためになされるべきものであることを常に心にとどめて臨んでほしい。そうして少しずつ新たな研究成果が積み重なっていくことによって，心理学の土壌はより豊かになり，また厚みを増していくのである。

　あらためて，心理学を「研究」する世界にようこそ。

References

第 1 章
Jansz, J., & Van Drunen, P. (Eds.) (2004). *A social history of psychology*. Blackwell Pubishing, p.31.
関西学院大学心理学研究室 80 年史 編集委員会（編）(2012).　関西学院大学心理学研究室 80 年史 1923 ～ 2003：今田恵の定礎に立って　関西学院大学出版会
Milgram, S. (1963). Behavioral Study of Obedience. *Journal of Abnormal and Social Psychology, 67*(4), 371-378.
Zimbardo, P. (2007). *The Lucifer effect: How good people turn evil*. New York: Random House.（ジンバルドー, P.　鬼澤 忍・中山 宥（訳）(2015).　ルシファー・エフェクト：ふつうの人が悪魔に変わるとき　海と月社）

第 2 章
宮谷真人・坂田省吾 (2009).　心理学基礎実習マニュアル　北大路書房
村井潤一郎 (2012).　Progress & Application 心理学研究法　サイエンス社
高野陽太郎・岡 隆 (2017).　心理学研究法：心を見つめる科学のまなざし［補訂版］　有斐閣
Wechsler, D. (1944). *The measurement of adult intelligence* (3rd ed.). Baltimore: Williams & Wilkins.

第 3 章
小牧純爾 (2015).　心理学研究の技法：論文読みから実験の計画まで（1）　心理学の諸領域，*4*(1), 53-61.
Markus, H. R., & Kitayama, S. (1991). Culture and the self: Implications for cognition, emotion, and motivation. *Psychological Review, 98*(2), 224-253.
鮫島和行 (2016).　システム神経科学における再現可能性　心理学評論，*59*(1), 39-45.

第 4 章
Higashiyama, A., & Adachi, K. (2006). Perceived size and perceived distance of targets viewed from between the legs: Evidence for proprioceptive theory. *Vision Research, 46*(23), 3961-3976.
志水正敏 (2016).　イグノーベル賞「股のぞき」研究に見る心理学の作法　https://news.yahoo.co.jp/articles/38bf4526087b243e84c00c0d2449c8f07b29cdee（2024 年 12 月 2 日閲覧）

第 5 章

Bargh, J. A., Chen, M., & Burrows, L. (1996). Automaticity of social behavior: Direct effects of trait construct and stereotype activation on action. *Journal of Personality and Social Psychology, 71*(2), 230-244.

Doyen, S., Klein, O., Pichon, C. L., & Cleeremans, A. (2012). Behavioral priming: it's all in the mind, but whose mind?. *PloS one, 7*(1), e29081.

Miura, A., & Kobayashi, T. (2016). Survey satisficing inflates stereotypical responses in online experiment: The case of immigration study. *Frontiers in Psychology, 7*, 1563.

Rosenthal, R. (2002). The Pygmalion effect and its mediating mechanisms. In J. Aronson (Ed.), *Improving academic achievement: Impact of psychological factors on education*. Amsterdam: Academic Press. pp. 25-36.

Rosenthal, R., & Jacobson, L. (1968). Pygmalion in the classroom. *The Urban Review, 3*(1), 16-20.

第 7 章

南風原朝和・市川伸一・下山晴彦 (2001)．心理学研究法入門：調査・実験から実践まで　東京大学出版会

岡田謙介 (2016)．ベイズ統計学による心理学研究のすゝめ　ちとせプレス　http://chitosepress.com/psychology-navigation-archive/#vol8（2024 年 12 月 2 日閲覧）

豊田秀樹 (2015)．基礎からのベイズ統計学：ハミルトニアンモンテカルロ法による実践的入門　朝倉書店

豊田秀樹 (2017)．心理統計法：有意性検定からの脱却　放送大学教育振興会

Tversky, A., & Kahneman, D. (1980). Causal schemas in judgments under uncertainty. *Progress in Social Psychology, 1*, 49-72.

第 9 章

池田功毅・平石 界 (2016)．池田・平石（2016）「心理学における再現可能性危機：問題の構造と解決策」に関する追加的ノート　　http://doi.org/10.13140/RG.2.1.3393.6247/1（2024 年 12 月 2 日閲覧）

John, L. K., Loewenstein, G., & Prelec, D. (2012). Measuring the prevalence of questionable research practices with incentives for truth telling. *Psychological Science, 23*(5), 524–532.

Neuroskeptic (2012). The Nine Circles of Scientific Hell. *Perspectives on Psychological Science, 7*(6), 643-644.

Simmons, J. P., Nelson, L. D., & Simonsohn, U. (2011). False-positive psychology: Undisclosed flexibility in data collection and analysis allows presenting anything as significant. *Psychological Science, 22*(11), 1359–1366.

第 10 章

Bargh, J. A., Chen, M., & Burrows, L. (1996). Automaticity of social behavior: Direct effects of trait construct and stereotype activation on action. *Journal of Personality and Social Psychology, 71*(2), 230-244.

Bem, D. J. (2011). Feeling the future: experimental evidence for anomalous retroactive influences on cognition and affect. *Journal of Personality and Social Psychology*, *100*(3), 407-425.

Iyengar, S., Kinder, D. R., Peters, M. D., & Krosnick, J. A. (1984). The evening news and presidential evaluations. *Journal of Personality and Social Psychology*, *46*(4), 778-787.

Kobayashi, T., Miura, A., & Inamasu, K. (2017; in press). Media priming effect: A preregistered replication experiment. *Journal of Experimental Political Science*, *4*(1), 81-94.

Open Science Collaboration. (2015). Estimating the reproducibility of psychological science. *Science*, *349*(6251), aac4716.

第 11 章

アメリカ心理学会／前田樹海・江藤裕之・田中建彦（訳）(2023). APA 論文作成マニュアル第 3 版　医学書院（2024 年時点の最新版）

日本心理学会 (2022). 2022 年版 執筆・投稿の手びき　https://psych.or.jp/manual/（2024 年 12 月 2 日閲覧）

ロジカルスキル研究所 (1998). パラグラフ構成の好例　http://www.logicalskill.co.jp/jwriting/para_good_exmp.html（2024 年 12 月 2 日閲覧）

終章

市川伸一 (2001). 心理学の研究とは何か　南風原朝和・市川伸一・下山晴彦（編）　心理学研究法入門：調査・実験から実践まで (pp. 1-17)　東京大学出版会

索引

【A～Z】

CiNii Articles　46
DQS（directed question scale）　76
Google Scholar　42
HARKing　128
IMC（instructional manipulation check）　75
IRB　122
J-STAGE　45
KAKEN（科学研究費助成事業データベース）　49
PsycARTICLES　48
PsycINFO　48
p 値　102
p 値ハッキング（p-hacking）　129
SD　88
z 値　91

【あ】

後知恵バイアス（hindsight bias）　129
アリストテレス　11

逸話記録法　62
因果（causation）　30
インフォームド・コンセント（informed consent）　117

ウェルトハイマー（Wertheimer, M.）　17
ヴント（Wundt, W.）　15

「お蔵入り」問題（file drawer problem）　134

オンライン調査　61

【か】

外的妥当性（external validity）　58
概念（concept）　25
概念的定義（conceptual definition）　26
開放性（openness）　142
確証バイアス（confirmation bias）　129
仮説の後づけ　128
間隔尺度（interval scale）　82
還元主義　13
観察法　62
感情の 3 次元説　16

疑似相関　95
帰無仮説（null hypothesis）　102
キャリーオーバー効果　70
偽陽性（false-positive）　129
共変（covariance）　33
近代心理学　15

偶然誤差（random error）　29

系統誤差（systematic error）　29
ゲシュタルト心理学　16
検定力（statistical power）　104
検定力分析（power analysis）　107

効果量（effect size）　106
構造化面接　64

行動主義　17
行動目録法　62
公認心理師　24
交絡（confound）　35
誤差（error）　29

【さ】
再現可能性（reproducibility）　136
最頻値（モード）　87
参加者効果（participant effect）　67
散布図（scatter gram）　92
散布度　88
サンプルサイズ　98
参与観察法　62

時間的安定性（temporal stability）　60
事後確率　110
事後分布　110
事前確率　109
自然観察　62
事前登録制度（pre-registration system）　145
事前分布　110
実験群　55
実験者効果（experimenter effect）　57, 71
実験的観察法　62
実験法　55
質問紙　58
四分位範囲　90
社会心理学　19
社会的学習理論（social learning theory）　21
社会的望ましさ（social desirability）　67
尺度（scale）　58, 81
従属変数（dependent variable）　34
出版バイアス（publication bias）　133
順序尺度（ordinal scale）　82
剰余変数　35
進化論　14
ジンバルド（Zimbardo, P. G.）　20
信頼性（reliability）　27, 60
心理尺度　58, 83

推測統計　97

精神分析　17
生態学的妥当性（ecological validity）　63, 77
選抜効果　95

相関（correlation）　30, 92
相関係数　92
操作（manipulation）　34, 55
操作的定義（operational definition）　26
測定（measurement）　81

【た】
ダーウィン（Darwin, C.）　13
第1種の過誤（Type I error）　103
第2種の過誤（Type II error）　104
代表値　86
対立仮説（alternative hypothesis）　103
妥当性（validity）　27, 57

中央値（メディアン）　87
調査票（questionnaire）　58
調査法　58

定義（definition）　26
テクニカル・ライティング　156
デセプション（deception）　69, 117
デブリーフィング（debriefing）　69, 117

統計的仮説検定（statistical hypothesis test）　102
統制（control）　36
統制群　55
透明性（transparency）　142
独立変数（independent variable）　34
度数分布　84
トピック・センテンス　157
努力の最小限化（satisfice）　74

【な】
内観法（introspective method） 16
内的一貫性（internal consistency） 60
内的妥当性（internal validity） 57

二重盲検法（double blind test） 72
認知心理学 20

ネイマン-ピアソン理論 107

【は】
外れ値 87
パラグラフ・ライティング 157
半構造化面接 64
バンデューラ（Bandura, A.） 21

比較心理学 15
非構造化面接 64
非参与観察法 62
ヒストグラム 85
ヒューム（Hume, D.） 11
標準化（standardization） 91
標準誤差（standard error） 101
標準得点 91
標準偏差 88
評定法 59
標本（サンプル；sample） 97
標本統計量 100
比率尺度（ratio scale） 81

ブルーナー（Bruner, S. B.） 21
フロイト（Freund, S.） 17
付録（supplementary material） 142
分散 88

平均 87
ベイズ統計学（Bayesian statistics） 107
ベイズファクター 111
ヘルムホルツ（Helmholtz, von H.） 12

偏差値 92
変数（variable） 34, 80

母集団（population） 97

【ま】
ミルグラム（Milgram, S.） 19

無作為抽出（ランダムサンプリング；random sampling） 97

名義尺度（nominal scale） 82
メディカルオンライン 45
面接法 64

元良勇次郎 22
問題のある研究実践（questionable research practices：QRPs） 128

【や】
有意確率 102
有意水準（significant level） 102
尤度 109
要求特性（demand characteristics） 57, 67

【ら】
リサーチ・クエスチョン（RQ） 37
倫理審査 122

連関（association） 92

【わ】
ワトソン（Watson, J. B.） 17

［シリーズ監修者／著者］

三浦麻子（みうら・あさこ）

1995 年　大阪大学大学院人間科学研究科博士後期課程中途退学
現　　在　大阪大学大学院人間科学研究科教授，博士（人間科学）

［主著・論文］
『計算社会科学入門』（共著）丸善出版　2021 年
『グラフィカル多変量解析（新装版）』（共著）現代数学社　2020 年
『心理学研究法』（編著）放送大学教育振興会　2020 年
「COVID-19 禍の日本社会と心理」心理学研究，第 92 巻 5 号　2021 年
「利己的行動・利他的行動は連鎖するか」心理学研究，第 92 巻 1 号　2021 年

イラスト：田渕　恵（中京大学）

［ サポートサイト ］

本シリーズに連動したサポートサイトを用意しており，各巻に関連する資料を提供している。

http://psysci.kwansei.ac.jp/introduction/booklist/psyscibasic/

※北大路書房のホームページ（http://www.kitaohji.com）からも，サポートサイトへリンクしています。

心理学ベーシック 第1巻　**なるほど！心理学研究法**

2017年5月20日	初版第1刷発行	定価はカバーに表示
2025年2月20日	初版第7刷発行	してあります。

監修・著者　三　浦　麻　子

発　行　所　　（株）北　大　路　書　房

〒603-8303
京都市北区紫野十二坊町12-8
電　話（075）431-0361（代）
FAX（075）431-9393
振替　01050-4-2083

イラスト　田渕　恵
編集・デザイン・装丁　上瀬奈緒子（綴水社）
印刷・製本　亜細亜印刷（株）

©2017　ISBN978-4-7628-2966-6　Printed in Japan
検印省略　落丁・乱丁本はお取り替えいたします

- JCOPY 〈（社）出版者著作権管理機構 委託出版物〉
本書の無断複写は著作権法上での例外を除き禁じられています。
複写される場合は，そのつど事前に，（社）出版者著作権管理機構
（電話 03-5244-5088, FAX 03-5244-5089, e-mail: info@jcopy.or.jp）
の許諾を得てください。

シリーズ紹介

心のはたらきを科学的に見つめるまなざしを養い、
「自らの手で研究すること」に力点をおいたシリーズ全5巻。

シリーズ監修　三浦麻子

第**1**巻	**なるほど！心理学研究法**	三浦麻子　著
第**2**巻	**なるほど！心理学実験法**	佐藤暢哉・小川洋和　著
第**3**巻	**なるほど！心理学調査法**	大竹恵子　編著
第**4**巻	**なるほど！心理学観察法**	佐藤寛　編著
第**5**巻	**なるほど！心理学面接法**	米山直樹・佐藤寛　編著

各巻Ａ５判・約190頁〜270頁